HEYNE BÜCHER



IRISIANA

*Der Autor:*
Dr. Lohn E. Upledger (D.O., F.A.A.O., D.Sc.) ist beglaubigter Fellow der American Academy of Osteopathy, Academic Fellow der British Society of Osteopathy und Doktor der Naturwissenschaften. Zu seinen Spezialisierungen gehören osteopathische Manipulationen, Craniosacrale Therapie, SomatoEmotional Release, Akupunktur und vorbeugende Medizin. Dr. Upledger wurde während seiner gesamten Berufslaufbahn als Osteopath als Innovator und führender Verfechter der Untersuchung neuer Therapiemethoden anerkannt. Insbesondere hat ihm die von ihm entwickelte Craniosacrale Therapie einen internationalen Ruf eingetragen.
Er sammelte einen großen Teil seiner Erfahrungen in seiner privaten klinischen Tätigkeit. Zudem war er von 1975 bis 1983 als klinischer Forscher und Professor für Biomechanik an der Michigan State University tätig. In jenen Jahren stand er einem Team von Anatomen, Physiologen, Biophysikern und Biotechnikern vor, die Experimente ausführten, um die Existenz und den Einfluß des Craniosacralen Systems nachzuweisen. Als Ergebnis dieser wissenschaftlichen Untersuchungen wurden die Funktion des Craniosacralen Systems und seine Rolle bei der Beurteilung und Behandlung kaum verstandener Funktionsstörungen des Gehirns und des Rückenmarks geklärt. In dieser Zeit entwickelte und verbesserte Dr. Upledger auch die Techniken der Craniosacralen Therapie, die heute im Lehrprogramm des Upledger Institute einer gemischten Gruppe von Ausübenden in den Heilberufen gelehrt werden; darunter Osteopathen, Doktoren der Medizin, Psychiater, Zahnärzte, Krankenpfleger, Chiropraktiker, physikalische Therapeuten, Berufstherapeuten und Masseure.

John E. Upledger

# *Auf den inneren Arzt hören*

Eine Einführung
in die Craniosacral-Arbeit

Mit einem Vorwort
von Ruediger Dahlke

Aus dem Amerikanischen
von Malte Heim

Wilhelm Heyne Verlag
München

IRISIANA BEI HEYNE
Herausgegeben von Michael Görden
13/9840

Die amerikanische Originalausgabe erschien unter dem Titel
YOUR INNER PHYSICIAN AND YOU
bei The Upledger Institute, Florida, USA

*Umwelthinweis:*
Dieses Buch wurde auf chlor- und
säurefreiem Papier gedruckt.

Taschenbucherstausgabe 4/2000

Wilhelm Heyne Verlag GmbH & Co. KG, München
http://www.heyne.de
Printed in Germany 2000
Umschlaggestaltung: Atelier Bachmann & Seidel, Reischach
Umschlagabbildung: Zefa/Dennis Cooper, Düsseldorf;
Imagine/Horizon, Hamburg
Satz: Schaber Satz- und Datentechnik, Wels
Druck und Bindung: Ebner Ulm

ISBN 3-453-17353-8

*Dieses Buch ist in Zuneigung*
*all den Patienten gewidmet,*
*die mich auf meiner Reise ins Heute*
*freundlich beraten*
*und angeleitet haben.*

JOHN E. UPLEDGER

# *Inhalt*

# *Vorwort zur Craniosacral-Therapie von John E. Upledger*

Noch hundert Jahre, nachdem William Harvey den Blutkreislauf als ein zusammenhängendes, in sich geschlossenes System mit dem Herzen im Zentrum entdeckt hatte, wurde er dafür an der Universität in München öffentlich lächerlich gemacht. Wir können nur hoffen, daß die schulmedizinische Anerkennung von John Upledgers Entdeckung nicht so lange auf sich warten läßt. Mit der Beschreibung des Craniosacral-Systems ist ihm wahrscheinlich eine ebenso bahnbrechende Erkenntnis gelungen wie seinerzeit Harvey. Wobei das Flüssigkeitssystem, das Gehirn und Rückenmark umgibt und von den Hirnhäuten gebildet wird, längst bekannt war, nicht aber seine rhythmischen Bewegungen. Auch war die Medizin hierzulande und in den USA, Upledgers Heimat, davon ausgegangen, daß die Schädelknochen fest miteinander verwachsen sind und eine mechanische Einheit bilden. Upledger konnte hingegen zeigen, daß sie sich in ihren Nähten durchaus noch bewegen können und das bei gesunden Menschen auch tun. Einiges spricht dafür, daß Upledger mit dem Craniosacral-Rhythmus, der sich von Herz- und Atemrhythmus deutlich unterscheidet, einen Meilenstein gesetzt hat auf dem sich abzeichnenden Weg zu einer sensibleren Medizin, die die Phänomene von Rhythmus und Schwingung immer mehr in ihrer zentralen Rolle akzeptiert und in den Mittelpunkt ihrer Arbeit stellt.

So wie Harveys Entdeckung der Medizin ganz neue Perspektiven eröffnete, ist das auch in diesem Fall zu erwarten, und die weiteren Forschungen und Therapieerfahrungen von Craniosacral-Therapeuten weisen in diese Richtung. Eines der entscheidenden Systeme in unserem Organismus ist damit nicht nur gefunden, sondern auch der Therapie zugänglich geworden. Diese Therapie allerdings setzt großes intuitives Einfühlungsvermögen voraus und breitet sich, wie viele der neueren Ansätze der Medizin, vor allem über die alternativen Szenen neben der Schulmedizin aus. Nur wirkliche Be*hand*ler können mit ihr Erfolg haben, reinen »Rezept-Verschreibern« muß das Geheimnis des Craniosacralen Rhythmus verborgen bleiben.

Upledger ist, durch die ersten Schritte in die neue Richtung ermutigt, noch wesentlich weiter gegangen und beschreibt die einzelnen Schritte seines Weges sehr persönlich in vorliegendem Buch. Er fand das Phänomen, das er »Gewebeerinnerung« nennt, die Tatsache nämlich, daß nicht nur das Gehirn Erfahrungen speichern kann, sondern auch andere Organe und Gewebe. So begann er, vom Körper geleitet, in psychotherapeutische Bereiche vorzustoßen. Uralte Traumata ließ er den Körper dadurch wiedererleben, daß er ihn in die jeweilige Situation manövrierte, die vor beliebig langer Zeit zu der Verletzung oder dem Schock geführt hatte. Ähnlich wie wir es als Psychotherapeuten kennen, erlebte er, wie sich entsprechende Energieblockaden unter Wärmeeinwirkung auflösten.

Upledger wagte sich noch einen Schritt weiter und gestand sich ein, daß nicht wirklich er es war, der die Heilung bewerkstelligte, sondern die jedem Patienten innewohnende Heilkraft. An diesem Punkt seines Buchs läßt er den Leser die Transformation eines Mediziners zum Arzt miterleben. Als er schließlich den Zugang zur Seele seiner Patienten findet und den direkten Kontakt mit ihrem *inneren Arzt* sucht, ergibt sich eine Medizin, die im tiefsten Sinn psychosomatisch, alles ein- und nichts mehr ausschließt und sogar die heute so überstrapazierte Bezeichnung *ganzheitlich* verdient. Fast regelmäßig ist die Entdeckung des inneren Arztes, der ja schon

Paracelsus gut bekannt war und von ihm seinen Namen erhielt, ein Wendepunkt im Leben von Medizinern und Patienten, denn von jetzt ab relativiert sich automatisch die Rolle des äußeren Arztes. Er wird zum Wegbegleiter und der Patient zum verantwortlichen Heiler in eigener Sache.

Und noch einen weiteren Schritt wagt sich Upledger hinaus aus dem sicheren schulmedizinischen Nest und beschreibt seine Wandlung vom Arzt zum Heiler. Er beginnt mit Energieübertragungen zu arbeiten und animiert auch seine Patienten dazu. Ohne irgendein Geheimnis daraus zu machen, teilt er uns doch eigentlich sehr direkt mit, daß Handauflegen auch unter strengen medizinischen Kriterien *wunder*volle Wirkungen hervorbringen kann.

Es bleibt zu wünschen, daß sein Mut zu solchen und noch weitergehenden Erkenntnissen, wie etwa bezüglich der Rolle der Intention des Heilers, Schulmedizinern nicht den Zugang verbaut. Wir haben hier nicht nur ein mutiges Buch von einem begeisterten Arzt vor uns, sondern auch eines, das zur Nachahmung geradezu ermuntert und dazu einigen Mut erfordert - aber wiederum nur den Mut, alte Denkbarrieren zu überwinden und sich mit seinen eigenen Händen in Neuland vorzutasten.

München, im November 1995 DR. RUEDIGER DAHLKE

# *Einführung*

Dieses Buch handelt von der Entdeckung eines völlig neuen Systems im Körper; davon, wie es gefunden wurde; wohin uns diese Entdeckung geführt hat und was sie für Sie bedeutet. Wir haben dieses neu entdeckte System das Craniosacrale System genannt.

Diese Entdeckung bietet Ihnen die Chance, Ihre Lebensqualität zu erhöhen, unabhängig davon, wie es jetzt um Ihr Wohlbefinden steht. Die Anwendung der Craniosacralen Therapie, die weiterentwickelten Techniken des SomatoEmotional Release, der Therapeutischen Imagination und des Dialogs bieten Ihnen und all Ihren Bekannten die Chance, ein neues Potential zu verwirklichen in bezug auf Heilen und Stärken der Gesundheit, und dies auf allen Ebenen.

Dieses Buch ist ein detaillierter Bericht aus erster Hand über die Entwicklung dieses neuen Wissensgebiets und die Möglichkeiten zur Nutzung von körpereigenen Energien und Kräften der Selbstheilung, die es eröffnet.

# 1 *Der Köder ist ausgeworfen*

Es war gegen 8 Uhr morgens, als Judy mich anrief. Sie klang sehr aufgeregt. Ich merkte, daß sie sich sehr bemühte, ruhig zu klingen, aber ich konnte ihre aufkommende Panik durchs Telefon hindurch hören. Gewöhnlich war sie nicht so leicht aus der Ruhe zu bringen, deshalb wußte ich, daß etwas sehr Ernstes geschehen war. Ich war seit etwa fünf Jahren der Hausarzt von Judy und ihrem Mann Bill. Vor einigen Jahren hatte ich ihren Sohn Frank entbunden. Ich kannte sie gut. Sie bat mich, heute morgen in die Wohnung ihrer Eltern zu kommen, bevor ich ins Krankenhaus ging. Ihr Vater war sehr krank. Ich sagte zu, ohne weitere Fragen zu stellen. Judy würde mich nicht gebeten haben, wenn es nicht wichtig gewesen wäre.

Ich nahm ein paar Toastbrote mit, als ich das Haus verließ, und machte mich auf den Weg zur Wohnung von Judys Eltern. Es war eines jener Häuser, die in den 50er Jahren in Florida für 9999,99 Dollars angeboten worden waren. Es stand an den Eisenbahngleisen. Als ich vorfuhr, erwarteten mich Judy und ihre Mutter vor dem Haus. Judy wirkte gefaßt. Ihre Mutter war weniger beherrscht - sie weinte. Die Hand, die sie mir zur Begrüßung entgegenstreckte, zitterte. Ich ging ins Haus. Judys Vater Delbert lag im Wohnzimmer auf dem Boden. Er war nur halb bei Bewußtsein. Er öffnete die Augen und stöhnte ein wenig, als ich ihn schüttelte. Er hatte eine Menge Blut erbrochen. Der ganze Raum stank nach Erbrochenem und Whisky.

Während ich die Szene mit dem halb bewußtlosen Mann auf dem Fußboden, dem blutigen Erbrochenen und dem

Whiskygeruch in mich aufnahm, spürte ich, wie mein Adrenalinspiegel anstieg. Weshalb hatte Judy mir nicht erzählt, daß ihr Vater ein Alkoholiker im Endzustand war? Denn genau so sah es aus. Ich wurde ein wenig grob, als ich Judy und ihre Mutter über Delberts Trinkgewohnheiten ausfragte. Beide Frauen erklärten übereinstimmend, daß Delbert nicht gewohnheitsmäßig Whisky trank. Sie sagten, er habe nur heute morgen ein wenig davon getrunken, in der Hoffnung, so seine Leibschmerzen lindern zu können. Ich ließ mich besänftigen. Möglicherweise handelte es sich nicht einfach um einen Fall von Alkoholismus. Wenn das, was die beiden Frauen mir erzählten, stimmte, konnte der Whisky das Faß zum Überlaufen gebracht haben. Er hatte vielleicht Magenblutungen gehabt und fast erbrechen müssen, dann trank er Whisky, und das ganze Gemisch hatte sich sofort aus seinem Magen auf den Wohnzimmerboden ergossen. Als ich mir die Geschichte von Judy und ihrer Mutter anhörte, war ich sehr beschämt, daß ich mich so rasch zu falschen Schlußfolgerungen hatte verleiten lassen.

Auf jeden Fall gibt es Zeiten, in denen man seine Gefühle beiseite lassen und rasch etwas unternehmen muß. Delberts Puls war beschleunigt und schwach, sein Blutdruck niedrig. Er sah so aus, als hätte er eine Menge Blut verloren (aber wenn man einen halben Liter Blut über den Wohnzimmerboden ausgießt, wirkt es schnell wie eine Gallone). Er mußte sofort behandelt werden. Er konnte gleich hier auf dem Fußboden sterben, während ich darüber debattierte, wieviel Whisky er getrunken hatte, oder während ich meine Schuldgefühle zu beschwichtigen versuchte, weil ich mich zu einer falschen Schlußfolgerung hatte hinreißen lassen.

Als erstes rief ich einen Krankenwagen. Dann telefonierte ich rasch mit dem Krankenhaus, um Delberts Aufnahme zu sichern. Damals konnte ein Arzt noch bei einem Hausbesuch einen Patienten einweisen, ohne daß zuerst Versicherungsformulare ausgefüllt werden mußten. Ein Zimmer mit vier Betten kostete etwa 50 Dollars pro Tag. Die Ambulanz kam wenige Minuten später. Judy stieg zu ihrem Vater in den Krankenwagen. Ich fuhr die acht Kilometer bis zum Krankenhaus in meinem eigenen Wagen. Judys Mutter folgte in ihrem alten Ford. Auf dem Weg zum Krankenhaus dachte ich an alles, was mit Delbert schiefgehen könnte. Ich ahnte nicht, daß dieser kranke, halb bewußtlose Mann mir etwas zeigen würde, das mein ganzes berufliches Leben verändern sollte.

Die Fahrt zum Krankenhaus dauerte etwa zehn Minuten. Sobald wir angekommen waren, setzten wir Delbert in einen Rollstuhl. Es schien ihm ein wenig besser zu gehen, also fuhren wir in die Röntgenabteilung, um einige Bilder von seiner Brust und dem Unterleib zu machen. In der Zeit kam auch noch der Laborassistent und begann mit den Bluttests. Es machte mir Spaß, in diesem unkonventionellen Krankenhaus zu arbeiten. Wir konnten Vorgänge wie diese beschleunigen und den Papierkram später erledigen. Ich fürchte, diese Zeiten sind für immer vorbei.

Die Röntgenfotos zeigten, daß Delbert eine Kohlenstaublunge hatte, weitere Flecken auf der Lunge und einige Emphyseme. Er hatte vor seiner Pensionierung als Bergmann in West Virginia gearbeitet, deshalb waren wir nicht überrascht. Die Fotos von seinem Unterleib sagten mir nichts, außer, daß sich eine recht große Luftblase in seinem Magen befand. Wir brachten Delbert in sein Zimmer und legten ihn ins Bett. Ich bereitete eine Infusion vor, während wir auf die ersten Ergebnisse der Bluttests warteten. Dieser Fall sollte eine Herausforderung werden, als wir Delbert erst mal »über den Berg« hatten. Wir mußten unbedingt wissen, wie und weshalb alles angefangen hatte. Dies gehört zu den Freuden des Arztberufs: Man ist immer auf der Suche nach dem »weshalb«. Ich hatte damals weder eine Ahnung, wie lange die Suche in diesem Fall dauern sollte, noch welche Folgen die Antwort für mein

Leben und das Leben ungezählter anderer Menschen haben würde.

Die ersten Blutwerte kamen nach etwa dreißig Minuten. Der Blutverlust war groß genug gewesen, um eine Transfusion zu rechtfertigen. Ich ordnete an, daß Delbert im Lauf der nächsten vierundzwanzig Stunden einen Liter Blut erhalten sollte. Ich hatte gelernt, in Fällen wie diesem langsam vorzugehen. Der Körper braucht Zeit, um sich anzupassen.

Wir gaben Delbert Medikamente, um seine Magenbeschwerden zu lindern, und begannen mit der Suche nach den Ursachen seiner Krankheit. Eine Durchleuchtung seines Magens mit Bariumbrei als Kontrastmittel zeigte mehrere aktive Geschwüre, Leber- und Gehirndurchleuchtungen zeigten Zysten in beiden Organen. Nachdem sich Delberts Zustand gebessert hatte, nahmen wir eine Leberbiopsie vor und stellten fest, daß die Zysten einen Parasiten mit dem Namen Echinokokkus beherbergten. Die Bluttests ließen vermuten, daß diese parasitäre Infektion den ganzen Körper befallen hatte – sie war systemisch. Ich war mir recht sicher, daß die Zysten im Gehirn dieselbe Ursache hatten. Es standen chininhaltige Medikamente zur Verfügung, mit denen wir diese seltene Erkrankung behandeln konnten. Innerhalb von drei Wochen hatte sich Delberts Zustand so weit gebessert, daß ich ihn nach Hause schicken konnte.

# 2 *Ich sitze am Haken und merke es nicht*

Etwa zehn Tage nach Delberts Entlassung rief mich Judy an und sagte, ihrem Vater sei es etwa eine Woche lang »recht gut« gegangen. Dann hätten seine Füße so sehr zu schmerzen begonnen, daß er nicht mehr stehen konnte. Ich stellte ihr einige Fragen, und ihre Antworten erstaunten mich sehr. Judy sagte, die Haut unter beiden Füßen ihres Vaters würde schwarz, bekäme Risse und schäle sich. Es schmerze sehr. Am nächsten Tag besuchte ich Delbert. Es stimmte: Seine Fußsohlen waren sehr dunkel oder schwarz. In der Haut waren tiefe Risse, und sie sah aus, als könne man sie mit den Fingernägeln in großen Stücken abschälen. Wo die dunkle verdickte Haut bereits abgelöst war, hatte sie rohe und gewiß sehr schmerzhafte Stellen hinterlassen. Ich hatte so etwas noch nie zuvor gesehen, und auch seitdem nicht. Es sah aus wie eine Art Schutzpanzer.

Dann begann unsere lange Suche nach einer Antwort. Ein Dermatologe war ratlos. Im Verlauf von einigen Monaten schickten wir Delbert in drei größere medizinische Zentren im Südosten der Vereinigten Staaten. In keinem von ihnen konnte man sich den Zustand seiner Füße erklären. Alle drei stellten fest, daß er eine Kohlenstaublunge und Emphyseme hatte. Zwei boten eine psychiatrische Diagnose an.

Schließlich überredeten mich Judy und ihre Mutter, doch noch einmal herauszufinden, was mit Delbert und seinen Füßen nicht stimmte. Ich hatte mich mit dem Gedanken abgefunden, daß Ärzte, die weitaus klüger waren als ich, das Problem nicht gelöst hatten - wie konnten die beiden dann erwarten, daß ich es löste? Ich fiel ihren Schmeicheleien zum

Opfer. Judy und ihre Mutter sagten, ich sei der beste Arzt von allen. Sie baten mich, Delbert noch einmal ins Krankenhaus mitzunehmen, um herauszufinden, was ihm fehlte. Wenn es mir nicht gelänge, würden sie mich nicht mehr belästigen. Wir würden uns damit abfinden, daß es Dinge gibt, die sich einfach unserer Kenntnis entziehen.

Um eine lange und technische Schilderung abzukürzen und vielleicht ein wenig interessanter zu gestalten: In den ersten paar Tagen von Delberts Krankenhausaufenthalt erschöpfte ich mein Wissen und meine Phantasie. Ich steckte fest. Dann hatte ich einen letzten Einfall. Wir hatten einen neuen Chirurgen im Stab, der etwa neun Jahre lang als Arzt der Allgemeinmedizin praktiziert hatte, bevor er Chirurgie studierte. Dann hatte er sein Praktikum in allgemeiner Chirurgie in den Vereinigten Staaten absolviert. Danach war er nach Japan gegangen, um Neurochirurg, zu werden. Ich dachte, mit diesem Hintergrund könnte er vielleicht ein oder zwei neue Ideen beisteuern. Ich bat ihn, sich Delbert anzuschauen und es mich wissen zu lassen, falls ihm etwas einfallen sollte, das ich möglicherweise übersehen hatte.

Nach seiner Untersuchung und Bewertung des Falls sagte Jim (der Neurochirurg), in Japan heiße die Ursache einer Gewebeveränderung, wie wir sie an Delberts Füßen beobachten konnten, »Dystrophie«. Jim schlug vor, eine Röntgenaufnahme des Rückenmarks im Halsbereich zu machen - ein zervikales Myelogramm. Eine solche Aufnahme ist mit gewissen Risiken verbunden. Jims Vorschlag schien weitgehend intuitiv zu sein, aber schließlich überzeugte er mich davon, daß wir auf diese Art eine Antwort finden könnten.

Ich erklärte Judy und ihren Eltern, daß Jim ein Verfahren vorschlug, bei dem in den Rückenmarkkanal im unteren Rückenbereich ein Farbstoff injiziert würde. Der Röntgentisch würde gekippt, so daß der Kopf tiefer liege als die Füße und der Farbstoff in den Hals und den Kopf fließe. Dann würde eine Röntgenaufnahme vom Halsbereich gemacht, auf der sich der Farbstoff abzeichnen würde. Ich erklärte ihnen, der Farbstoff könne eine Reaktion hervorrufen, die nicht ganz ohne Risiken sei. Ich sagte auch, es sei nicht hundertprozentig sicher, was die Untersuchung ergeben würde, aber Jim sei recht zuversichtlich. Ich fügte hinzu, daß ich keine besseren Vorschläge hätte.

Sie unterstützten begeistert Jims Vorschlag. Wir fertigten das zervikale Myelogramm an. Und siehe da, an der äußeren Oberfläche der meningealen Membran (der Dura mater), die den Rückenmarkkanal auf etwa halber Höhe des Nackens umkleidet, fanden wir auf der Rückseite einen Fleck aus Kalzium von der Größe einer Münze. Jim frohlockte. Ich bewunderte seine Genialität. Delbert, Judy und ihre Mutter schöpften zum ersten Mal seit Monaten ein wenig Hoffnung.

Jetzt kam der Härtetest. Delbert hatte den diagnostischen Test (das zervikale Myelogramm) ohne Komplikationen überstanden. Aber jetzt zogen wir eine sehr heikle Operation in Betracht. Sie konnte sein Leben bedrohen oder eine Lähmung vom Hals an abwärts zur Folge haben. Ein positives Ergebnis wäre, daß sich die Haut an seinen Füßen wieder regenerieren würde. Wir waren natürlich nicht sicher, ob die Operation den Zustand seiner Füße verbessern würde. Ich hatte das Gefühl, die Gummizelle und eine Zwangsjacke verdient zu haben, wenn ich der Operation zustimmte.

Jim drängte darauf, die Kalziumablagerung chirurgisch zu entfernen. Er war Chirurg, und Chirurgen schneiden nun mal gern. Aber ich mußte zugeben, daß er diesen Fleck gefunden hatte, dessen Vorhandensein niemand außer ihm auch nur vermutet hatte.

Delbert, seine Frau und seine Tochter drängten ebenfalls zur Operation. Sie sahen sie als Chance. Und es war besser als nichts zu unternehmen, denn wenn nichts geschah, schien keine Aussicht auf Besserung zu bestehen. Delbert sagte, er wolle lieber sterben als mit diesen Füßen am Leben zu bleiben. Ich fragte ihn, wie es für ihn wäre, gelähmt zu sein. Er antwortete wieder, er würde lieber sterben, als gelähmt zu sein. Er sagte, ich solle mir aber keine Sorgen machen, im Fall einer Lähmung sei das sein Ding; er hatte einen wesentlichen Punkt angesprochen. Aber wie soll man sich da keine Sorgen machen? Es war sein Recht, ein vorkalkuliertes Risiko auf sich zu nehmen, um seine Lebenssituation zu verbessern. Meine ganze Erfahrung sagte mir, daß das Risiko unverantwortlich war. Das Risiko und die mögliche Besserung ließen sich gar nicht miteinander vergleichen. Aber um wessen Leben ging es denn? Wer war ich, daß ich mich als Gott über diesen armen, leidenden Mann aufspielte? Nach großen inneren Kämpfen stimmte ich zu, und wir planten die Operation.

Jim würde sie ausführen, und ich würde assistieren. Im Klartext ausgedrückt bedeutete dies, daß ich für ein paar Stunden meines Lebens alles tun würde, was Jim mir zu tun auftrug - und zwar genau so, wie er es mir sagte.

# 3 *Ein Blick auf den Kern*

Am Morgen der Operation zweifelte ich immer noch daran, die richtige Entscheidung getroffen zu haben. Bald würde es zu spät sein, meine Absicht zu ändern. Delbert konnte gesund werden, wenn die Sache überstanden war. Und er konnte genausogut gelähmt sein, an einer Meningitis erkranken oder ... sterben. Aber wenn wir die Kalziumablagerung unbehelligt ließen, konnte es sein, daß sie größer wurde und auf jeden Fall einmal entfernt werden mußte. Sie konnte später ebenfalls zu einer Lähmung führen. Soweit ich es beurteilen konnte, war eine klare Antwort in Delberts Fall unmöglich.

Ich traf Jim im Ärztezimmer. Wir tauschten Details aus, schlüpften in unsere Operationskittel und gingen in den Operationssaal, um die Lagerungsvorbereitungen für unseren Patienten zu überwachen. Delbert wurde in eine sitzende Position gebracht und mit leicht vorgebeugtem Kopf mit Gurten im Anästhesiestuhl festgehalten, so daß sein Nacken gedehnt und leicht zugänglich war. In dieser Haltung wurde er in Schlaf versenkt. Der Herzmonitor war angeschlossen und funktionierte. Delbert atmete durch ein Ventilationssystem, das jeden Atemzug und dessen Umfang sichtbar machte. Wir konnten jederzeit sehen, wie es unserem Patienten ging.

Jim und ich gingen hinaus zu den Waschbecken, um unsere Hände zu reinigen. Ich behielt meine Sorgen, ob die Operation gerechtfertigt war, für mich. Es hatte keinen Sinn mehr, meine Zweifel an der Wirksamkeit unseres Eingriffs zu äußern. Als wir sauber (und im Idealfall von den Fingerspitzen und Fingernägeln bis zu den Ellbogen steril) waren, gingen wir in den Operationssaal zurück und kleideten uns an. Die Stunde Null war angebrochen.

Wir rieben den Operationsbereich mit einer sterilisierenden Lösung ein, die ihn rotbraun färbte. Wir legten die grünen Tücher um den Operationsbereich und befestigten sie mit Klebeband an Delberts Hals. Delbert war nicht länger eine Person. Er war jetzt ein rotbraunes Stück Haut von etwa fünf Zentimetern Breite und zehn Zentimetern Länge. Mein persönliches Mitgefühl für ihn wurde instinktiv ausgeschaltet. Bei einer Operation muß man seine Gefühle in bezug auf die Verletzung und Verstümmelung eines Mitmenschen unterdrücken. Man muß sich von Mitgefühl befreien. Dabei hilft es einem, wenn man sich auf den Operationsbereich konzentriert, der unpersönlich gemacht wurde, indem man ihn aus dem Kontext der Gesamtperson herausnahm. Es half. Ich war jetzt ein Assistent eines Chirurgen. Wenn Jim verlangen würde, daß ich mir im Kopfstand die Zähne putzte und dabei die amerikanische Nationalhymne sang, würde ich mir die größte Mühe geben, es zu tun.

Jim machte einen vertikalen Einschnitt in der Mitte von Delberts Nacken. Ich wundere mich jedesmal darüber, wie präzise ein guter Chirurg mit dem genau richtigen Druck auf sein Skalpell die Haut zu durchschneiden vermag, ohne die darunter liegenden Gewebe zu verletzen. Ich benutzte den Elektrokauter, um die Blutungen einiger kleinerer Blutgefäße in der Haut zu stoppen. Dieses Gerät summt und verursacht den scharfen Geruch von verbranntem Fleisch, wenn man den Patienten mit ihm berührt. Mit dem zweiten Schnitt trennte Jim die Bänder im Nacken durch. Nachdem ich einige weitere Blutgefäße kauterisiert hatte, begannen wir mit der mühsamen Arbeit, die sehr zähen Bänder von den Wirbelsäulenknochen des Nackens zu trennen. Während Jim dies machte, benutzte ich sogenannte Retraktoren, die man im Körpergewebe einhakt, um es vom Operationsbereich fernzuhalten.

Als nächstes mußten wir die hinteren Teile von zweien der knöchernen Wirbel in der Nackenmitte entfernen, so daß wir an die Kalziumablagerung an der Membran im Inneren des Rückenmarkkanals herankamen. Diese Membran ist überall von Knochen umschlossen.

Alle Wirbel der Wirbelsäule sind derart geformt, daß sie einen durchgehenden Kanal bilden, der vom Schädel bis wenige Fingerbreit über dem Steißbein verläuft. Den vorderen Teil des Kanals bildet der stützende Teil des Wirbels, der als Wirbelkörper bezeichnet wird. Die Wirbelkörper stützen Teile der Wirbelsäule. Die Wirbelsäule besteht aus einem Stapel dieser Wirbelkörper. Zwischen jeweils zwei Wirbelkörpern liegt eine weichere Bandscheibe als Stoßdämpfer. Neben ihrer Funktion als Stoßdämpfer ermöglichen die Bandscheiben beugende und seitliche Bewegungen der Wirbelsäule. Unmittelbar hinter dem Stapel aus Wirbelkörpern und Bandscheiben, der den Körper stützt, befindet sich der Rückenmarkkanal. Dieser Kanal schützt das Rückenmark, das sich vom Kopf bis zum Steißbein erstreckt.

Im Inneren dieses Rückenmarkkanals befindet sich ein Membransystem, das dem Rückenmark weiteren Schutz bietet. Dieses Membransystem enthält außerdem Blutgefäße, die das Rückenmark und seine Nervenenden ernähren. Es besteht aus drei Schichten. Die äußerste Schicht ist die Dura mater, die mittlere Schicht die Arachnoidea, und die innerste Schicht wird Pia mater genannt. Die Innenschicht ist dicht an das Rückenmark angeschmiegt. Zwischen allen Schichten fließt eine ölige Flüssigkeit, die als Gleitmittel dient, so daß die Schichten sich gegeneinander bewegen können. Dies ermöglicht ein Beugen und Drehen der Wirbelsäule. Die zerebrospinale Flüssigkeit enthält außerdem Nährstoffe und schwemmt Abfallstoffe fort.

Dieses Membransystem bezeichnet man als die Meningen. Wenn sie infiziert oder entzündet sind, ist dies sehr schmerz-

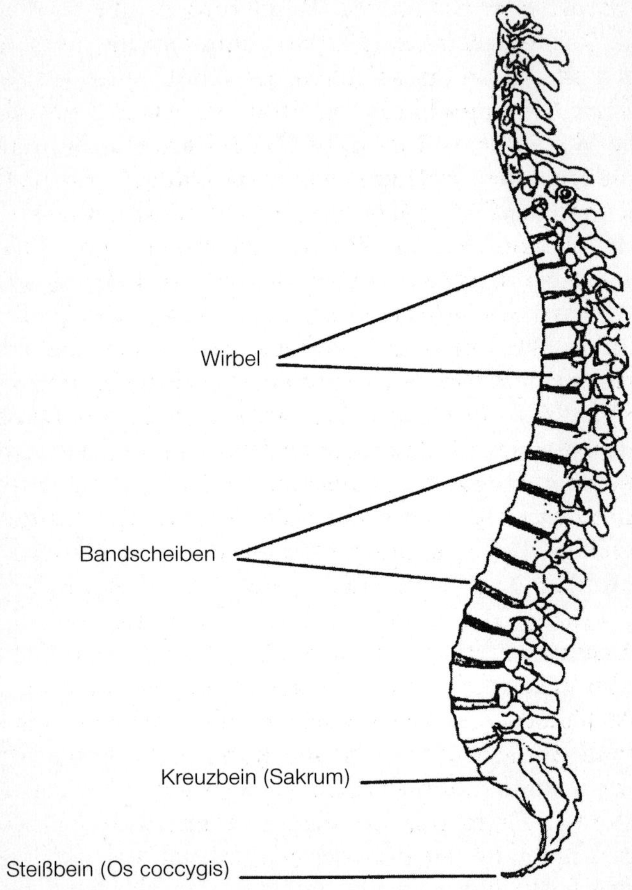


*Abbildung 1:*
Seitenansicht der Wirbelsäule mit Wirbeln und Bandscheiben.

haft, und wir sprechen dann von einer Meningitis. Sie kann tödlich sein oder zu starken Behinderungen führen.

Die äußerste Schicht des Membransystems – die Dura mater – ist zäh und wasserdicht. Sie schützt alles, was sie in sich birgt, und umschließt Gehirn und Rückenmark vollständig. An der äußeren Oberfläche dieser Dura mater hatten wir die münzengroße Kalziumablagerung entdeckt. Da sich der Fleck an der äußeren Oberfläche des meningealen Membransystems befand, wollten wir ihn entfernen, ohne eine der Membranen anzuritzen oder einzuschneiden. Jede geringfügige Verletzung würde einer Infektion, die zu einer Meningitis führen konnte, Tür und Tor öffnen. Jim wollte die Kalziumablagerung sehr behutsam abkratzen, während ich diesen Teil der Membran ruhig halten würde. Wenn ich meine Arbeit gut machte, würde es keinen Unfall geben, das heißt, er würde die Membran nicht anschneiden.

Nachdem wir die Rückseiten dieser zervikalen Wirbel entfernt hatten, lag sie in ihrer schimmernden Großartigkeit vor unseren Augen: die Dura mater. Und dort war unser Kalziumfleck – genau im Mittelpunkt des Operationsfeldes. Jetzt übernahm die Schwester meine Aufgabe, die Muskeln zur Seite zu halten; ich hatte in jeder Hand eine Pinzette. Nun mußte ich nur noch die Dura mater vollkommen ruhig halten, während Jim sehr behutsam die Kalziumablagerung entfernen würde. Alles ging glatt, bis ich versuchte, die Bewegung der Dura mater zu stoppen. Sie wollte nicht stillhalten, ganz gleich, was ich tat. Sie bewegte sich unbeirrt vor und zurück. Die Bewegung war recht langsam, aber rhythmisch und unaufhaltsam. Ich kann mich nicht an den genauen Wortlaut der Unterhaltung zwischen Jim und mir erinnern, aber sie war mit Bemerkungen über meine Unfähigkeit gespickt, eine einfache Aufgabe auszuführen. In meinen Antworten beschimpfte ich all diejenigen, die dies für eine einfache Aufgabe hielten. Mein Stolz war verletzt. Meine Unfähigkeit verwirrte mich. Aber ich wurde auch sehr neugierig auf dieses seltsame Phänomen, dessen Zeuge ich war. Schließlich entfernte Jim den Kalziumfleck ohne einen Ausrutscher seines Messers, obwohl sich die Bewegung der Membran nicht stoppen ließ.

Ich entdeckte, daß die ununterdrückbare rhythmische Bewegung der Membran, mit der ich eine so intime Bekanntschaft gemacht hatte, für alle im Operationsraum neu war. Sie war nicht synchron mit Delberts Atmung. Dies ließ sich deutlich anhand der Atemapparatur erkennen. Sie war auch nicht synchron mit dem Herzschlag (Puls), den ich auf dem Herzmonitor verfolgen konnte. Es handelte sich um einen weiteren Rhythmus des Körpers von etwa zehn Schlägen pro Minute, der sehr verläßlich und beharrlich zu sein schien. Ich hatte diesen Rhythmus nie zuvor gesehen oder von ihm gelesen - und dem Neurochirurgen, dem Anästhesisten, den Schwestern und dem Asisstenzarzt erging es ebenso. Ich hatte das vage Gefühl, daß wir den »Kern« von Delbert sahen.

# 4 *Ich sitze am Haken und merke es*

Seit ich Delbert an jenem ersten Tag in seinem Blut und Erbrochenen auf dem Boden seines Wohnzimmers hatte liegen sehen, veränderte sich mein Leben. Zuerst gab er mir zu verstehen, daß ich keine voreiligen Schlüsse ziehen sollte, dann erweckte er in mir Schuldgefühle, weil ich gefolgert hatte, er sei Alkoholiker. Als nächstes machte er mich mit einer seltenen parasitären Infektion bekannt und zeigte mir, was sie einem Menschen antun konnte. Ich hatte nie zuvor Leber- und Gehirnzysten gesehen, die von einer parasitären Infektion herrührten. Dann zeigte mir Delbert, daß große medizinische Zentren, Professoren und Doktoren nicht unbedingt alles wissen müssen. Sie fanden nicht heraus, was Jim dank seiner Intuition erkannt hatte. Ich begann, etwas über den Konflikt zwischen rationalem und analytischem Denken versus Ahnungen und Intuitionen zu lernen. Ich hatte mir den Kopf zermartert, ob das zervikale Myelogramm und die nachfolgende Operation angebracht wären. Delbert machte mir klar, daß es sich um seine Entscheidung handelte - nicht um meine. Es war seine Sache, das Verhältnis von Risiko und Nutzen abzuwägen. Ich konnte ihm raten, aber ich konnte und durfte ihm nicht sagen, was er zu tun hatte. Delbert lehrte mich, seine Rechte als Mensch zu respektieren.

Dann bei der Operation gewährte mir Delbert einen ersten Blick auf das, was sich später als Craniosacrales System erweisen sollte. Er tat dies auf eine Weise, die meinen Stolz verletzte. Ich war verwirrt über meine Unfähigkeit, eine Membran stillzuhalten. Und er erregte eine Neugier in mir, die nicht mehr versiegen sollte. Zum Teil wegen des Stolzes und der Verwirrung, zum Teil wegen meiner Neugier; ich würde nie wieder den Anblick dieses kleinen Stückchens Dura mater vergessen, die sich ständig vor und zurück bewegte, obwohl ich mir große Mühe gab, sie stillzuhalten. Er sorgte dafür, daß ich diese Erfahrung nicht vergaß. Wunder über Wunder - ich war privilegiert, als erster die physiologischen Anzeichen für ein bisher unentdecktes System des Körpers zu sehen. Es sollte sich als ein weiteres System erweisen, genauso wie das kardiovaskuläre, das Verdauungssystem und dergleichen.

Delbert wollte sicherstellen, daß ich am Ball blieb, also heilte er seine Füße innerhalb weniger Monate. Ich begriff zwar den Zusammenhang zwischen Membranbewegungen und heilenden Füßen überhaupt nicht, aber ich würde ihn herausfinden. Wie sich zeigen sollte, mußte ich nur noch wenige Monate warten, bis ich in einer osteophatischen Zeitschrift die Anzeige für ein fünftägiges Seminar in cranialer Osteopathie las. Ich wußte vage, daß craniale Osteopathen Leute waren, die die Knochen des Schädels behandelten. Ich glaubte damals, daß die Schädelknochen zusammengewachsen sind und sich nicht mehr bewegen können, wenn man einmal erwachsen ist. Der Schädel eines Erwachsenen ist so fest wie eine Kokosnuß.

Ich unterdrückte meine Zweifel und nahm am Seminar in cranialer Osteopathie teil. Ich spürte die Knochenbewegungen sofort mit den Händen und wußte, daß die Bewegungen, die ich über meine Hände spürte, irgendwie mit der ununterdrückbaren Bewegung der Membran zusammenhing, die mich während der Operation an Delbert derart verwirrt hatte.

Delbert hatte ganze Arbeit geleistet. Ich hing am Haken, und es war mir klar. Danke, Delbert.

Delbert zog bald darauf nach Texas um, und ich verlor ihn aus den Augen. Etwa zehn Jahre später erfuhr ich, daß er an Lungenkrebs gestorben war.

# 5 *Das Craniosacrale System*

Heute, nach einigen Jahren der Forschung, wissen wir, daß jeder Mensch ein Craniosacrales System in sich hat, das sich an jedem Tag seines Lebens rhythmisch bewegt. Wir haben gelernt, diesen craniosacralen Rhythmus an beinahe jedem Punkt des Körpers zu überprüfen, indem wir die Hände darauf legen. Ebenso, wie wir gewisse Folgerungen aus dem Herzrhythmus und der Atemtätigkeit in bezug auf das kardiovaskuläre beziehungsweise das Atmungssystem ziehen können, sind wir jetzt in der Lage, uns Informationen über den Zustand und die Tätigkeit des Craniosacralen Rhythmus in verschiedenen Bereichen und Teilen des menschlichen Körpers zu verschaffen.

Wenn sich bestimmte Körperteile oder -bereiche nicht in Erwiderung auf das sanfte Drängen des Craniosacralen Systems rhythmisch bewegen, können wir sagen, daß hier eine Störung vorliegt. Wir wissen nicht unbedingt, worin die Störung besteht, aber wir wissen, wo sie ist, und das ist ein großer Schritt in Richtung Lösung des Problems.

Das Craniosacrale System selbst besteht aus 1. dem dreischichtigen Membransystem, das wir die Meningen nennen; 2. der zerebrospinalen Flüssigkeit, die in diesem System eingeschlossen ist und 3. den Anordnungen im Membransystem, die das Ein- und Ausfließen der Flüssigkeit des Systems regeln. Was ich soeben beschrieben habe, ist ein halbgeschlossenes hydraulisches System, das die wasserdichte Membran der Dura mater (die äußere Schicht des dreischichtigen Membransystems) als Barriere verwendet, um die Flüssigkeit einzuschließen. Die zerebrospinale Flüssigkeit stellt die hydraulische Komponente des Systems dar. Das Aderhautsystem in den Gehirnkammern ist die Komponente, die für den Flüssigkeitszufluß verantwortlich ist, und das Arachnoideasystem gewährleistet den Abfluß der Flüssigkeit.

Der große Einfluß, den das Craniosacrale System auf die gesamten Körperfunktionen ausübt, hängt vor allem damit zusammen, daß es das Gehirn und das Rückenmark sowie die Hypophyse und die Zirbeldrüse umschließt. Da Gehirn und Rückenmark mehr oder weniger unser gesamtes Nervensystem kontrollieren, ist leicht einzusehen, daß das Craniosacrale System dank seiner Wirkungen auf das Milieu von Gehirn und Rückenmark einen großen Einfluß auf eine Vielzahl der Körperfunktionen besitzt. Und über seinen Einfluß auf die Hypophyse und die Zirbeldrüse wirkt das Craniosacrale System zudem auf die Funktionen des endokrinen Systems und die Hormone, die dieses System ausstößt.

Die Membran des Craniosacralen Systems, die als Flüssigkeitsbarriere dient (die Dura mater), schließt sich mit der Innenseite an die Schädelknochen an. Diese Dura mater stellt die eigentliche Ausfütterung des Schädels dar. Wir haben durch unsere Forschungen an der Michigan State University gezeigt, daß die Schädelknochen sich in einer ständigen, sehr feinen Bewegung befinden müssen, um sich den steten Veränderungen im Flüssigkeitsdruck anzupassen, die innerhalb der begrenzenden Membranen des halbgeschlossenen hydraulischen Systems stattfinden. Wenn die Schädelknochen ihre Fähigkeit, sich in Erwiderung auf den wechselnden Druck des Craniosacralen Systems zu bewegen, einbüßen, treten Störungen in den Funktionen dieses Systems auf und Symptome können sich abzeichnen.

Wir als Craniosacrale Therapeuten wissen um die Befestigungen der Dura mater an den Schädelknochen, an den Wirbeln des oberen Halses, am Kreuzbein im unteren Rücken und an all den kleinen Öffnungen im Schädel und in der Wirbelsäule, die den größeren Nerven den Durchgang in alle Teile des Körpers ermöglichen. Wir wissen, wie man die Bereiche eingeschränkter Bewegung ausfindig macht, die die Funktion des Craniosacralen Systems stören. Und wir wissen, wie man die normale Anpassungsbewegung in allen diesen Bereichen wiederherstellt. Dadurch gelingt es uns häufig, die Funktion des Nervensystems und des endokrinen Systems zu verbessern, indem wir die Umgebung verbessern, in der diese Systeme ihre Arbeit verrichten.

# 6 *Frühe Erfahrungen mit der Craniosacralen Therapie*

Meine frühe Arbeit in der Craniosacralen Therapie begann mit einigen Kopfschmerzpatienten. Sie reagierten sehr gut auf diese Behandlung. Ein Fall war recht beeindruckend. Es handelte sich um den ersten Patienten mit heftigen Kopfschmerzen, bei dem ich diese Techniken anwandte. Er war während des Zweiten Weltkrieges in der U.S. Navy gewesen und hatte auf seinem Schiff in der Nähe eines großen Geschützes gestanden, als es abgefeuert wurde. Er hatte vergessen, seine Ohrenstöpsel und -schützer anzulegen. Seine Kopfschmerzen setzten sofort ein. Sie waren mit einem lauten Geräusch in seinen Ohren verbunden. Der Schmerz und das Geräusch ließen nie nach. Er unterzog sich jeder Behandlung, die der U.S. Navy einfiel, ohne Erleichterung zu verspüren. Schließlich entließ ihn die Navy aus medizinischen Gründen und zahlte ihm eine Invaliditätsentschädigung. Er hatte seit etwa 25 Jahren unter diesen Schmerzen gelitten. Ich weiß nicht, wie er meine Praxis ausfindig gemacht hatte. Ich untersuchte sein Craniosacrales System und stellte fest, daß die Schädelknochen auf der linken Seite seines Kopfes nach innen gedrückt waren und festsaßen. Es gab keine Bewegung in diesen Knochen. Ich war sehr zufrieden und es gelang mir, die festsitzenden Knochen zu lockern. Sofort dehnte sich die linke Seite seines Kopfes aus; seine Kopfschmerzen verließen ihn, noch während ich an ihm arbeitete. Er bedankte sich überschwenglich. Das Geräusch in seinen Ohren verstummte ein paar Wochen später. Ich sah den Mann nur dreimal. Die Schmerzen, die ihn 25 Jahre lang begleitet hatten, waren bereits nach der ersten Behandlung verschwunden und kehrten, soviel ich weiß, nie zurück. Ich bin sicher, er hätte sich an mich gewandt, wenn sie wieder aufgetreten wären.

Nach dieser Erfahrung mit den Kopfschmerzen des Navy-Veteranen begann ich, mit vielen Kopfschmerzpatienten zu arbeiten. Die meisten von ihnen waren bereits seit vielen Jahren leidend und hatten sich einer Vielzahl von Behandlungen unterzogen. Ich lernte eine Menge über Kopfschmerzen und die Wirksamkeit der Craniosacralen Therapie bei Patienten mit chronischen und heftigen Kopfschmerzen, die nicht selten invalide waren. Meine Erfahrungen seit den Anfängen zeigen, daß etwa 80 bis 85 Prozent der resistenten, langfristigen Kopfschmerzpatienten positiv auf die Craniosacrale Therapie ansprechen und - eine wirklich gute Sache - daß die Lösung des Problems bei den meisten dieser erfolgreich behandelten Patienten von Dauer ist. Sie sind nicht für den Rest ihres Lebens von regelmäßigen Craniosacralen Therapie-Sitzungen abhängig (obwohl diese Sitzungen so wohltuend sind, daß viele der Patienten weiterbehandelt werden wollen, nachdem ihre Kopfschmerzen verschwunden sind).

Ein weiterer Patient tauchte auf - und der Haken saß noch tiefer. Es handelte sich um einen 16 Jahre alten, »zurückgebliebenen« Jungen. Seine Mutter bestand auf eine sehr nette Art darauf, daß ich diese neue Behandlungsmethode - die Craniosacrale Therapie - bei ihrem Sohn ausprobieren solle. Russell, so hieß ihr Sohn, hatte als Säugling eine Meningitis durchgemacht. Sie war vermutlich für seine fortschreitende geistige Behinderung verantwortlich. Ich hatte die Craniosacrale Therapie noch nie zuvor in einem solchen Fall angewandt und wußte nicht, ob hier eine Besserung möglich war. Auf das sanfte, aber unwiderstehliche Drängen von Russells Mutter hin entschied ich mich für einen Versuch.

Russells Onkel war ein berühmter Chirurg. Er hatte in den Jahren seit dem Ausbruch der Meningitis dafür gesorgt, daß Russell jede mögliche medizinische Behandlung erhielt. Ich war sehr unentschlossen, ließ aber schließlich ein Elektroenzephalogramm (EEG) von Russell anfertigen, nur um zu sehen, ob etwas dabei herauskommen würde. Jim, der Neurochirurg, der bei meiner ersten Bekanntschaft mit dem Craniosacralen System zugegen gewesen war, interpretierte das EEG für mich. Was mir von der Interpretation des EEG in Erinnerung blieb, war der Gedanke, daß irgendeine Störung des Gehirngewebes vorzuliegen schien, die vermutlich auf eine Verminderung der Blutzufuhr durch die Arterien auf der Unterseite des Gehirns zurückzuführen war. Dies mochte erklären, wie eine Meningitis zu einer »Retardation« führen konnte. Die Membranen, die durch die Meningitis in Mitleidenschaft gezogen wurden, waren möglicherweise immer noch geschwollen und/oder wiesen Verklebungen auf, durch die jene Arterien, die Russells Gehirn mit Blut versorgen sollten, teilweise blockiert wurden. Falls die Blutgefäße, die vom Gehirn wegführten, ebenfalls teilweise blockiert waren, konnte leicht ein Rückstau entstehen. Dies würde dazu führen, daß das Blut im Gehirn stockte. Unter diesen Umständen war die Versorgung mit frischem Blut erschwert.

Ich beschloß, meine Behandlung darauf zu konzentrieren, das Abfließen des sauerstoffarmen (venösen) Bluts aus dem Gehirn und die Versorgung des Gehirns mit sauerstoffreichem (arteriellem) Blut zu verbessern. Als Ansatzpunkte standen mir die knöchernen Hebel am Membransystem der Dura mater zur Verfügung - ich konnte sie dazu benutzen, den abnormen Druck innerhalb der Schädelwölbung und im Rückenmarkkanal zu verändern. Falls es mir gelang, den abnorm hohen Druck zu vermindern, hatte ich vielleicht eine Chance, alle Verklebungen zu lösen. Zwischen der Verminderung des Drucks und der Lösung der Verklebung mochte es uns gelingen, einen besseren Abfluß des Bluts und eine Verbesserung der Frischblutzufuhr in Russells Gehirn zu erreichen. Zu Beginn setzte ich Medikamente ein, um die Blutversorgung zu verbessern, aber ich konzentrierte mich hauptsächlich auf die Craniosacrale Therapie. Ich dachte mir Methoden aus, die mir erlauben würden, die Knochen des Schädels, der oberen Halswirbelsäule und des unteren Rückens so einzusetzen, daß sich die Dura mater und die übrigen meningealen Membranen bewegten. Russell kam zweimal die Woche zur Behandlung. Nach drei Wochen berichtete seine Mutter, er schlafe mittags nicht mehr, seine schläfrige Müdigkeit habe nachgelassen. Nach ungefähr vier Monaten sagte Russells Privatlehrerin, er mache Fortschritte; sie schlug vor, ihn weiterhin zu unterrichten. Dann trat Russell in die 10. Stufe einer High School ein.

Ich behandelte Russell etwa ein Jahr lang wöchentlich einmal weiter nach der Craniosacralen Therapie. Schließlich bestand er ohne Schwierigkeiten seinen Abschluß an der High School, trat in ein Junior College ein, machte auch hier den Abschluß, und heute - rund 20 Jahre später - leitet Russell den Lieferdienst eines großen medizinischen Labors. Er hat fast 20 Fahrer unter sich, besitzt und verwaltet mehrere Mietshäuser und lebt sein eigenes Leben in seinem Heim in einer anderen Stadt, unabhängig von seiner Familie.

Russell wurde - bevor ich mit seiner Behandlung begann und dann wieder ein Jahr später - von einem Psychologen untersucht. Sein geschätzter I.Q. stieg insgesamt um 20 Punkte. Nach einem derartigen Behandlungserfolg hängt man wirklich am Haken. Die Craniosacrale Therapie hatte mich in ihren Bann gezogen - und ich konnte ihr noch nicht einmal einen Namen geben!

Ich hatte mit Russell gearbeitet, bevor ich die Stelle an der Michigan State University annahm. Diese Erfahrung hatte mich erkennen lassen, auf welche Art und Weise die Craniosacrale Therapie die Gehirnfunktion beeinflussen könnte. Nach Russell hatte ich - noch in meiner eigenen Praxis - einige Erfolge mit hyperaktiven und lernunfähigen Kindern gehabt. Als klinischer Forscher an der Michigan State University begann ich neben meiner Labortätigkeit mit Kindern zu arbeiten, die Schwierigkeiten in der Schule hatten. Die meisten waren entweder hyperaktiv oder dyslektisch.

Unser früher Erfolg an der Klinik mit hyperaktiven Kindern war äußerst ermutigend. Hyperaktive Kinder fielen häufig auf dem Behandlungstisch in Schlaf, nachdem wir die Korrektur des Craniosacralen Systems vorgenommen hatten. Das Problem war in der Regel an der hinteren Schädelbasis lokalisiert, wo der Kopf in die Halswirbelsäule übergeht.

Meistens fand sich ein Druck des Kopfes nach innen auf die Halswirbelsäule - verbunden mit extremer Angespanntheit der Nackenmuskeln, die dafür sorgte, daß diese Fehlhaltung beibehalten wurde. Nachdem wir erst einmal dieses harte »Aufeinandersitzen« der Knochen gelockert hatten, löste sich auch das Membransystem der Dura mater, und das Verhalten des hyperaktiven Kindes normalisierte sich. Die häufig verschriebenen strengen Diätvorschriften konnten dann aufgehoben werden. Nahrungsmittelallergien besserten sich deutlich. Zu jener Zeit war die Feingold-Diät zur Kontrolle hyperaktiven Verhaltens weit verbreitet. Diese Diät verbot Zucker, Farbzusätze und dergleichen und war schwer einzuhalten. Die Craniosacrale Therapie erleichterte diese schwierige Situation beträchtlich. Wo diese Stauchung nach innen zwischen Schädel und Halswirbelsäule nicht vorlag, gingen wir davon aus, daß die Hyperaktivität andere Ursachen hatte. Häufig hatte das hyperaktive Verhalten psychologische Gründe, und das Craniosacrale System war unschuldig.

Ich sage »wir«, weil ich von da an mit einer ständigen und großzügigen Unterstützung durch graduierte Studenten rechnen konnte. Sie erlernten die Craniosacrale Therapie ohne besondere Schwierigkeiten. Es war ermutigend zu sehen, wie leicht die entsprechenden Techniken gelehrt werden konnten.

Ich dachte darüber nach, daß das Problem - wenn die Hyperaktivität auf eine gestörte Funktion des Craniosacralen

Systems zurückzuführen war - möglicherweise während des Geburtsvorgangs aufgetreten war. Sehr oft wird der Kopf des Babys bei dem Versuch, die Geburt zu beschleunigen, extrem nach hinten gebeugt (hyperextendiert), sobald der Kopf den mütterlichen Geburtskanal teilweise verlassen hat. Ein Andauern dieser Hyperextension könnte der schuldige Faktor sein. Ich bin ziemlich sicher, daß wir eine signifikante Verringerung des Problems der hyperaktiven Kinder (vermutlich um 50 Prozent) erwarten könnten, wenn es uns gelingen würde, diesen Zustand in den ersten Lebenstagen der Neugeborenen zu erkennen und zu korrigieren. Unsere Erfolgsrate betrug fast 100 Prozent, wenn bei dem hyperaktiven Kind eine Stauchung zwischen Kopf und Halswirbelsäule nach innen nachweisbar war. Etwa 50 Prozent der hyperaktiven Kinder, die wir in unserer Klinik zu Gesicht bekamen, wiesen diesen Zustand auf. Bei den übrigen 50 Prozent lagen andere Gründe vor.

Die Klinik der Michigan State University zog außerdem eine große Anzahl dyslektischer Kinder an. Wir stellten fest, daß viele dieser Kinder ein Problem mit ihrem Craniosacralen System hatten, das an der rechten Kopfseite lokalisiert war und das Ohr und den Warzenfortsatz des Schläfenbeins betraf. Tatsächlich zeigte sich, daß das Problem mit dem rechten Schläfenbein und den mit ihm verbundenen Duramater-Membranen zusammenhing. Sobald dieser Zustand korrigiert war und das Craniosacrale System wieder normal funktionierte, verschwanden die Leseprobleme bei einem sehr hohen Prozentsatz dieser Kinder (etwa 70 Prozent).

Ich erinnere mich noch, als wäre es gestern gewesen, an einen anderen 16 Jahre alten Jungen, dessen Sonderlehrer ihn in unsere etwa 160 Kilometer entfernte Klinik brachte. Der Lehrer sagte, Mike (der Junge) entspreche beim Lesen bestenfalls den Anforderungen der 4. Stufe. Er sei in einer Sonderschulklasse untergebracht worden. Er habe angefangen, wegen seines geringen Selbstvertrauens ein destruktives Ver-

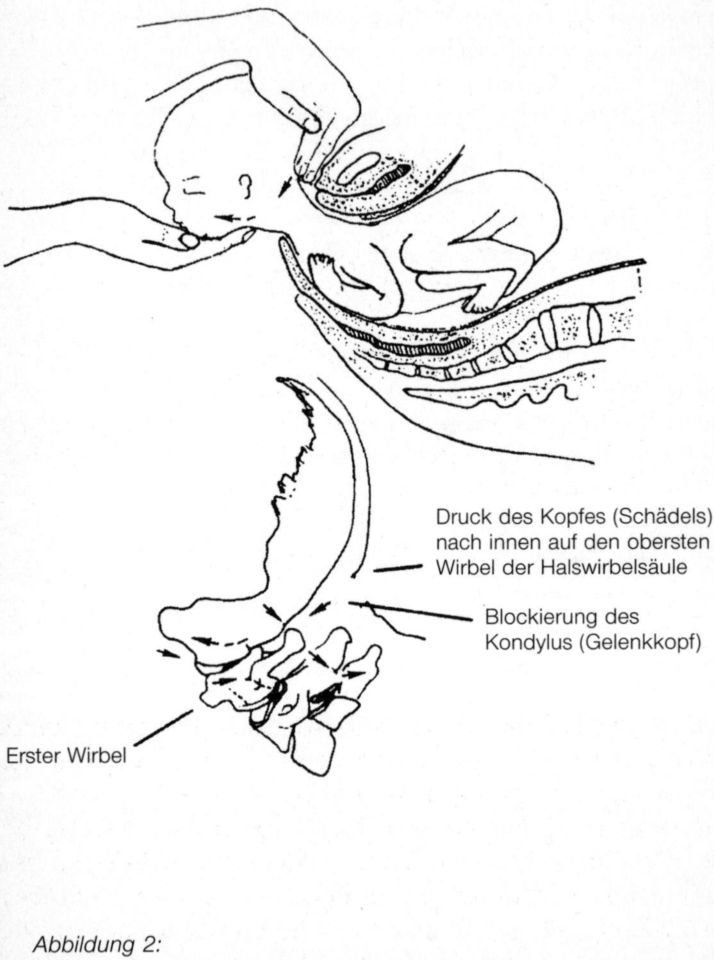


*Abbildung 2:*
Stauchung des Hinterhauptschädels in den obersten Wirbel der Halswirbelsäule und wie sie geschehen kann.

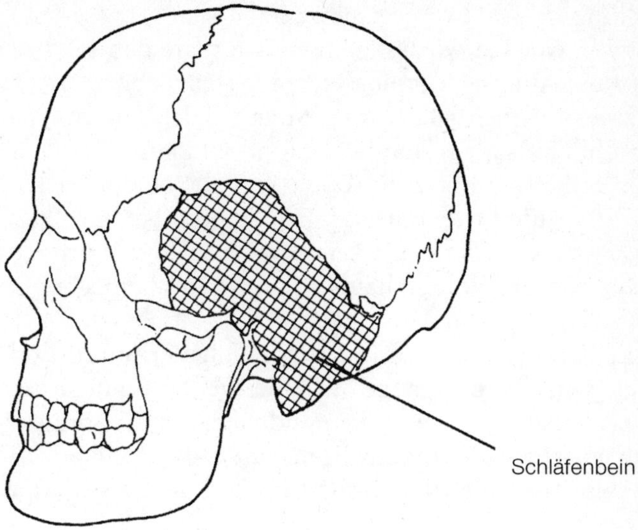


*Abbildung 3:*
Die Lage des Schläfenbeins.

halten an den Tag zu legen. Mike wog etwa 90 Kilogramm bei einer Körpergröße von 183 Zentimetern - ich hätte mir nicht gewünscht, daß er auf mich losging.

Während unserer ersten Behandlungssitzung entdeckte ich sein Problem mit dem rechten Schläfenbein und der mit ihm verbundenen Dura mater und behob es zu etwa 80 Prozent. Wegen der großen Entfernung wurde vereinbart, daß Mike in 15 Tagen wiederkommen sollte. (Es war üblich, daß wir die Kinder einmal pro Woche behandelten.) Ich sah Mike ein zweites Mal und vervollständigte die Korrektur des Craniosacralen Systems an seiner rechten Kopfseite. Mike sprach nur sehr wenig. Sein Lehrer sagte, seine Lesefähigkeit und seine Einstellung dem Leben gegenüber habe sich gebessert. Er wollte in zwei Wochen wiederkommen. Ich hatte den Eindruck, daß die Korrektur des Craniosacralen Systems abgeschlossen war.

Zwei Wochen später kam Mike wieder. Diesmal lächelten sowohl er als auch sein Lehrer und wirkten beide sehr glücklich. Mike las ohne Schwierigkeiten aus einem Buch, das für die 10. Stufe bestimmt war. Ich fragte Mike, was geschehen sei. Er sagte, er könne jeweils zwei oder drei Wörter zugleich wahrnehmen. Vorher hatte er immer nur einzelne Buchstaben erkennen können.

Er hatte sich an die Buchstabenfolge erinnern und versuchen müssen, das ganze Wort daraus zu rekonstruieren. Er war ebenso froh wie sein freundlicher und besorgter Lehrer. Vier Wochen waren vergangen, seit Mike seine erste Craniosacrale Therapiebehandlung gehabt hatte. Es waren insgesamt drei Behandlungen von je 20 Minuten Dauer gewesen - insgesamt eine Stunde Behandlung. Er hatte sich von einem selbstdestruktiven und lernunfähigen Leser auf dem Niveau der 4. Stufe zu einem glücklichen Schüler auf der 10. Stufe entwickelt. Und wie ich am Haken saß!

Die Kinderklinik setzte ihre Arbeit fort, und die Probleme wurden vielgestaltiger. Es gingen Berichte darüber ein, daß sich Verstopfungen bei diesen Kindern besserten. Ihre Einstellungen wurden positiver und sie zeigten mehr Zuneigung. Dann hörten wir von Eltern, daß bei einigen Kindern, die auch an epileptischen Anfällen gelitten hatten, diese aufgehört hätten. Die große Frage lautete jetzt, ob wir die entsprechenden Medikamente weglassen konnten. Wir versuchten es und gingen dabei schrittweise und behutsam vor. Bei der Hälfte aller Fälle hatten wir Erfolg. Einige Kinder konnten ihre Medikamente tatsächlich absetzen und waren frei von Anfällen. Und die meisten blieben anfallfrei, wenn sie die Dosis ihrer gewohnten krampflösenden Medikamente halbierten oder noch weiter reduzierten.

# 7 *Der Horizont erweitert sich*

Wenn mich die Craniosacrale Therapie bisher noch nicht ganz in ihren Bann gezogen hatte - die folgende Erfahrung schaffte es. Im Jahr 1978 ging ich nach Frankreich und England, um zu lehren. Die Osteopathen in diesen Ländern wollten diese Therapie und ihre Anwendungsmöglichkeiten lernen und arrangierten für mich einige fünftägige Seminare. Während ich mich auf das Seminar in Nizza, Südfrankreich, vorbereitete, fragte mich einer der Seminarveranstalter aus Brüssel in Belgien, ob ich bereit sei, in den fünf Tagen des Seminars einen zweieinhalbjährigen Jungen als Demonstrationsmodell zu behandeln. Das bedeutete, daß ich am Ende eines jeden Seminartags die Techniken der Craniosacralen Therapie, die wir an jenem Tag erlernt hatten, an diesem kleinen Jungen demonstrieren würde. Der Junge - er hieß Olivier - war das Opfer verschiedener Leiden, die ihn während oder kurz nach seiner Geburt heimgesucht hatten. Er wurde als zerebral gelähmt bezeichnet. Er trug eine dicke Brille und schielte. Seine rechte Körperseite war spastisch und gelähmt. Er konnte weder seinen rechten Arm noch das rechte Bein benutzen. Er konnte nicht richtig kauen und hatte Schwierigkeiten mit dem Schlucken. Alles, was man ihm einlöffelte, mußte püriert sein. Ich hatte noch nie zuvor ein solches Kind behandelt und wagte kaum zu hoffen, ihm helfen zu können.

Am dritten Seminartag sprachen wir über die Korrektur fehlerhafter Spannungsverhältnisse der Dura mater an der Stirn und an der vorderen Kopfhälfte. Um diese Spannung der Dura mater zu lösen, mußte ich das Stirnbein befreien.

Dann konnte ich diesen Knochen regelrecht als Griff für die Dura mater im Schädel benutzen und sie mit seiner Hilfe strecken.

Zu diesem Zweck hob ich einfach die Stirn sanft an, während der Patient bequem auf dem Rücken lag, mit dem Gesicht nach oben. Ich begann mein sanftes Heben, das dazu bestimmt war, das Stirnbein von den Scheitelbeinen zu lösen. Die Scheitelbeine bilden den oberen Teil des Schädels hinter dem Stirnbein. Ich hatte zuvor an Oliviers Kopf eine Erhöhung ertastet, da, wo das Stirnbein das Scheitelbein überlappt. Nach meinen bisherigen Erfahrungen sind solche Überlappungen selten. Sie kommen häufig bei Säuglingen vor, aber die Natur streckt sie gewöhnlich im Verlauf des ersten Lebensjahres aus. Während ich fortfuhr, Oliviers Stirnbein sanft anzuheben, gab es ein hörbares Geräusch, als sich die Knochenüberlappung von selbst einrenkte. Die Art dieser Korrektur erinnerte mich daran, daß beim menschlichen Körper eine sanfte Kraft, die über einen längeren Zeitraum hinweg ausgeübt wird, mehr bewirken kann als eine große Kraft in einer kurzen Zeit. Das liegt daran, daß die geringe Kraft weit weniger Widerstand im Körper des Patienten aktiviert. Ich hatte das Stirnbein Oliviers etwa fünf Minuten lang angehoben, als sich die Überlappung der beiden Knochen einrenkte.

Als Olivier am nächsten Tag um 16 Uhr wieder als Demonstrationsmodell in den Vortragsraum kam, gab es einen lauten Tumult. Ich konnte nicht sehen, was vor sich ging, verstand kein Französisch und wußte also nicht, was das Geschrei, das Klatschen und die Beifallsrufe zu bedeuten hatten. Kurz darauf erfuhr ich es. Olivier kam an der Hand seiner Mutter in den Vorlesungssaal. Er hatte noch nie gehen können. Ich war erstaunt, aber ich bemühte mich, so gelassen zu bleiben, wie man es von einem Professor erwartet. Oliviers Mutter weinte und lachte zur selben Zeit. Bald küßte sie

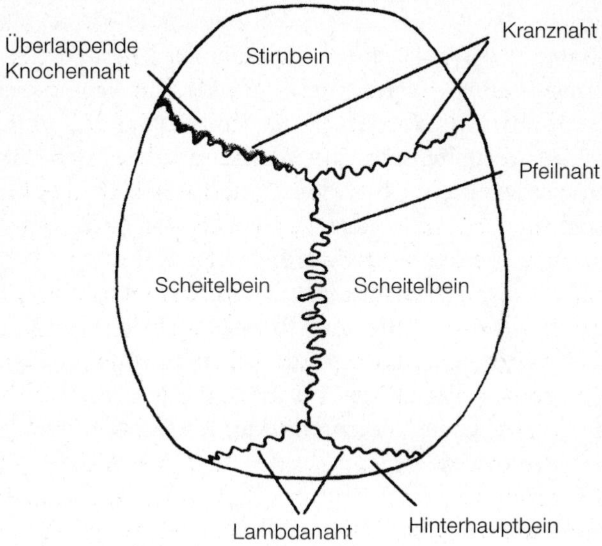


*Abbildung 4:*
Schädel von oben mit den Nähten und der Lage von Oliviers Überlappung zwischen dem Stirnbein und dem linken Scheitelbein.

meine Hände und brachte mich mit ihrem Gefühlsausbruch in Verlegenheit. Es stellte sich heraus, daß Olivier um vier Uhr morgens erwacht war, seine Mutter ins Schlafzimmer gerufen und ihr mitgeteilt hatte, daß er gehen könne. Er hatte ihr gesagt, der böse Mann in seinem Körper, der ihn zuvor nicht hatte gehen lassen, sei fort. In zwölf Stunden lernte Olivier laufen, so daß er an diesem Tag den Vortragsraum betreten und zum ersten Mal an der Hand seiner Mutter gehen konnte.

Olivier und seine Mutter folgten mir von Frankreich nach England und dann zurück nach Michigan, wo sie drei Monate lang blieben. Während dieser Zeit behandelte ich Olivier etwa zweimal pro Woche mit Craniosacraler Therapie. Als die Behandlung zu Ende war, konnte er recht gut gehen. Er zog den rechten Fuß ein wenig nach, aber er war überhaupt nicht spastisch. Er zerteilte sein Essen, führte es an den Mund, kaute und schluckte es bei allen Mahlzeiten. Er trug keine Brille mehr und schielte nicht länger. Er war intelligent und besaß einen bemerkenswerten Humor.

Ich sah Olivier fast zwölf Jahre lang nicht mehr. Im August 1990 rief mich seine Mutter aus Brüssel an. Sie sagte, Olivier wolle mich sehen, weil ich ihm das Laufen ermöglicht habe. Es war aufregend, diesen inzwischen 15 Jahre alten Jungen zu sehen, der beim Gehen leicht hinkte, aber fast alles übrige recht gut beherrschte.

Der Haken der Craniosacralen Therapie saß nun unerbittlich fest in mir. Es hatte mit Delbert begonnen, und jetzt wußte ich, daß die Craniosacrale Therapie nicht mehr nur ein Forschungsgegenstand war. Sie war mehr - weit mehr.

Nach meiner Erfahrung mit Olivier folgte ein Zustrom von spastisch gelähmten Kindern. Bei den meisten von ihnen trat eine beträchtliche Besserung ein. Aber die Erinnerung an Olivier hat sich mir am tiefsten eingeprägt.

# 8 *Weitere Anwendungen der Craniosacralen Therapie*

Jetzt wußte ich, daß die Craniosacrale Therapie zu ausgezeichneten Ergebnissen bei langsamen, hyperaktiven, dyslektischen und spastischen zerebral gelähmten Kindern führte. Als nächstes kamen autistische Kinder und Neugeborene an die Reihe. Ich erhielt eine Forschungsbewilligung, die mir erlaubte, drei Jahre lang mit autistischen Kindern zu arbeiten. Zu der Zeit, als die Bewilligung auslief, erzielten wir erhebliche Fortschritte in einem Zentrum für Autismus. Die Kinder fügten sich selbst weit weniger Schmerzen zu, zeigten anderen Menschen gegenüber Zuneigung und wiesen ein stark verbessertes soziales Verhalten auf.

Leider ging das Geld für diese Studie aus. Ich weiß nicht, wie weit wir noch gekommen wären. Wenn sie drei oder vier Monate lang nicht Craniosacral behandelt wurden, zeichnete sich bei den autistischen Kindern ein Rückschritt ab. Es war klar, daß wir unsere Arbeit fortsetzen mußten. Ein paar autistische Kinder kamen privat in unsere Klinik an der Universität. Ein Junge war sechs Jahre alt. Er hatte erst etwa anderthalb Jahre zuvor angefangen, ein autistisches Verhalten zu zeigen. Ich bin sicher, daß die Diagnose wohlbegründet war. Sie war im Bethesda Naval Hospital gemacht und an der University of Virginia Medical School bestätigt worden. Der Vater des Jungen war wegen des Kindes vom Dienst bei der Navy befreit worden. Wir behandelten den Jungen etwa sechsmal sofort nach seiner Ankunft in Michigan. Er machte solche Fortschritte, daß das staatliche Diagnoseteam in Michigan ihn nicht als autistisch bezeichnete. Sie nannten ihn einen langsamen Entwickler. Sie steckten ihn in eine normale Klasse, wo er sich gut einfügte. Ich weiß, daß es auf dem Gebiet des Autismus noch eine Menge Arbeit gibt, die von gut ausgebildeten Craniosacralen Therapeuten getan werden könnte. Wir haben einiges über die Unterscheidung zwischen Autismus und Hebephrenie durch die Abklärung des Craniosacralen Systems gelernt.

Wir machten eine Blindstudie mit Kindern, die auf der Rimland Developmental Landmark Scale eingeschätzt worden waren. Diese Skala diagnostiziert sowohl Autismus als auch Schizophrenie. Ich machte bei 63 Kindern, die durch Dr. Rimland bewertet worden waren, meine eigene Diagnose – gestützt auf die Eigenschaften des Craniosacralen Systems. Ich kannte seine Ergebnisse nicht, bevor ich mir einen eigenen Eindruck machte. Die Übereinstimmung zwischen Dr. Rimlands Diagnose, die auf entwicklungsbedingten Anzeichen basierte, und meiner eigenen Diagnose, die auf einer Einschätzung des Craniosacralen Systems beruhte, war sehr groß. Es war sehr unwahrscheinlich, daß diese Übereinstimmung zufällig hätte auftreten können.

Damit Sie aber nicht den Eindruck gewinnen, ich hätte mein ganzes Leben damit verbracht, Kinder mit gestörten Gehirnfunktionen zu behandeln, möchte ich Ihnen von einigen Anwendungsmöglichkeiten der Craniosacralen Therapie auf anderen Gebieten berichten.

Wir stellten fest, daß die Craniosacrale Therapie die Beschwerden der Geburt für Mutter und Kind abkürzen und erleichtern kann. Ich hielt im Herbst 1977 Vorlesungen in England an der European School of Osteopathy in Maidstone, Kent. Die Frau eines Studenten hatte seit drei Tagen Wehen. Die Ärzte wollten an diesem Nachmittag einen Kaiserschnitt bei ihr vornehmen. Simon, der Student, war recht unglücklich darüber, daß ihr erstes Kind durch einen Kaiserschnitt und nicht durch eine normale Entbindung zur Welt kommen sollte. Aber die Wehen dauerten zu lange, es waren keine

Fortschritte erkennbar, und der Blutdruck seiner Frau, Deborah, war gefährlich hoch. Die Operation sollte in vier Stunden sein. Ich hatte Simon nie zuvor gesehen. Er bemühte sich, seine Zeit sinnvoll zwischen dem Krankenhaus und meinem Seminar aufzuteilen. Er kam nach meiner ersten Morgenvorlesung zu mir und fragte, ob die Craniosacrale Therapie in diesem Fall von Nutzen sein könne. Das konventionelle Medizinstudium lag noch nicht allzu lange hinter mir, und ich sorgte mich wegen den ergebnislosen Wehen und dem hohen Blutdruck. Ich riet Simon zum Kaiserschnitt. Aber wir hatten vier Stunden zur Verfügung, in denen er eine Craniosacrale Technik versuchen konnte, die - wie wir hofften - die Hypophyse günstig beeinflussen und bewirken würde, daß die zum Stillstand gekommenen Wehen wieder einsetzten. Außerdem zeigte ich ihm Craniosacrale Techniken zur Senkung des Blutdrucks. Simon verabschiedete sich angeregt und bereit, es zu versuchen. Drei Stunden später war er wieder zurück.

Bei Deborah hatten starke Wehen eingesetzt, als Simon die Technik der Craniosacralen Therapie anwandte. Dreißig Minuten, nachdem Simon an ihrem Craniosacralen System zu arbeiten begonnen hatte, brachte sie ein gesundes Mädchen namens Hannah zur Welt. Er hatte noch nicht einmal die Technik zur Senkung des Blutdrucks anwenden müssen, weil Deborah das Baby gebar und sich ihr Blutdruck auf natürliche Art normalisierte. Die Ärzte waren erstaunt, aber glücklich. Simon erzählte ihnen nie, was er gemacht hatte. Wir treffen uns fast jährlich mit Simon, Deborah, Hannah und ihrer jüngsten Tochter Charlotte, wenn wir in Europa sind oder sie in die Vereinigten Staaten kommen. Wir sind gute Freunde. Hannah ist über alles informiert, was die Craniosacrale Therapie für sie getan hat. Übrigens habe ich sie an ihrem vierten Lebenstag der Klasse in Maidstone vorgeführt. Sie war zu sofortigem Ruhm geboren.

Damals erwies sich die Craniosacrale Therapie als sehr hilfreich und wirksam bei Schwangerschaft, Entbindung und unmittelbar nach der Geburt. Die so behandelten Mütter litten weit weniger unter Rückenproblemen und Depressionen nach der Entbindung als Frauen, die nicht in den Genuß der Craniosacralen Therapie gekommen waren.

Wir behandeln auch gern Babies mit einer Craniosacralen Therapie. Dr. MacDonald, mein Kollege am Upledger Institut in Palm Beach County, Florida, wandte die Craniosacrale Therapie, als er später in Maine war, mehr als fünf Jahre lang bei allen Neugeborenen an. Er behandelte alle Säuglinge wenigstens einmal, bevor sie nach Hause entlassen wurden. Die Craniosacral behandelten Kinder litten in ihrem ersten Lebensjahr weniger als halb so häufig an Krankheiten, die einen Krankenhausaufenthalt erforderlich machten, als die Kinder in einem benachbarten Krankenhaus, bei denen keine Craniosacrale Therapie angewandt worden war.

Erst vor ein paar Monaten berichtete mir eine Patientin und gute Freundin, daß ihr etwa sechs Wochen altes Baby jede Nacht weine und Koliken habe. Die Eltern litten unter dem Schlafentzug. Der Kinderarzt war ratlos. Ich schlug ihr vor, ihre Tochter zu mir zu bringen. Das Mädchen fiel während der ersten Craniosacralen Therapiesitzung in Schlaf und verschlief die ganze Rückfahrt bis Miami. Sie schlief fast zehn Stunden lang. Nach drei Behandlungen waren die Schwierigkeiten vollständig behoben. Das Craniosacrale Problem bestand in einer abnormen Spannung in der Dura mater. Diese hohe Spannung rührte von einer Verrenkung des Beckens her, die vermutlich während der Entbindung entstanden und nicht behoben worden war. Diese Beckenverrenkung führte zu einer Spannung der Dura mater im Rückenmarkkanal und setzte sich über die Dura mater bis in Hals und Kopf hinein fort. Der Vagusnerv, der einen großen Einfluß auf die Magen- und Darmfunktionen (sowie auf Herzrhythmus und Atmung) ausübt, tritt an der Schädelbasis aus, wo er durch eine abnormale Spannung der Dura mater leicht beeinträchtigt werden kann. Die Abklärung des Craniosacralen Systems enthüllte die Ursache des Problems, und wir konnten es sehr leicht beheben. Dem Kind geht es jetzt gut.

Die Craniosacrale Therapie eignet sich hervorragend bei einer großen Vielzahl von schmerzhaften Kinderkrankheiten wie Koliken, Asthma, Floppy-Baby-Syndrom und dergleichen. Das »Floppy Baby« verhält sich wie eine Stoffpuppe. Meistens wissen die Kinderärzte keinen Rat. Sehr oft reicht eine einzige Craniosacrale Therapiesitzung aus, um das Problem zu beseitigen. Die Dura mater steht in der Regel unter einer sehr hohen, abnormalen Spannung. Der Craniosacrale Therapeut muß die Ursache der abnormalen Spannung herausfinden und wenn möglich beseitigen. Auch wenn sich die Störung nicht beseitigen läßt, gibt es gewöhnlich eine Craniosacrale Technik, die eine vorübergehende Erleichterung bewirkt. Wir zeigen den Eltern oder Pflegern die Anwendung dieser Technik sehr gern, wenn eine längere Behandlung nötig ist. Dann können sie selbst das Kind täglich behandeln und sind nicht von uns abhängig, um ihm zu helfen.

Kürzlich führte ich ein Seminar in fortgeschrittener Craniosacraler Therapie in Bordeaux, Frankreich, durch. Eine Studentin konfrontierte mich mit einem »Floppy Baby«. Die Diagnose lautete auf eine neurologische Schädigung aufgrund einer Sauerstoffunterversorgung beim Geburtsvorgang. Ich behandelte dieses Kind Craniosacral. Als sich die Dura mater entspannte, konnte man förmlich zusehen, wie dieses vier Monate alte Kind anfing, seine Arme und Beine zu bewegen, den Kopf, Hals und Körper zu kontrollieren, und es stieß einen kräftigen Schrei aus, statt nur zu wimmern. Innerhalb von 30 Minuten nach Behandlungsbeginn machte es einen normalen Eindruck. Wir haben viele sehr gute Erfolge bei Säuglingen und Kleinkindern. Ich glaube, daß eine Craniosacrale Abklärung und Behandlung in den ersten Lebensmonaten Gehirnfunktionsstörungen bei Kindern um mindestens 50 Prozent verringern könnte.

Wie steht es mit Störungen bei Erwachsenen? Der Anwendungsbereich bei Problemen von Erwachsenen (und bei Erwachsenen ohne Probleme) ist fast unübersehbar. Früher in diesem Buch habe ich meinen ersten Einblick in die Tätigkeit des Craniosacralen Systems während der Operation an Delbert als Blick in den »Kern« bezeichnet. Ich glaube, das ist der richtige Ausdruck. Ich bin noch nicht ganz sicher, worum es bei diesem »Kern« überhaupt geht, aber ich weiß, daß das Craniosacrale System sich manchmal anfühlt wie das Eintreten in den tiefsten Seinsbereich des Patienten (und meiner selbst). Ich bin auch nicht ganz sicher, was es mit diesem »tiefsten Seinsbereich« auf sich hat, aber es kommt mir so vor, als liefen im Craniosacralen System alle Fäden zusammen - was auch immer es sein mag.

Folglich gibt es eine Menge recht gesunder und munterer Erwachsener, die sich regelmäßig einer Craniosacralen Therapie unterziehen wollen und sie auch erhalten. In der Regel verlangen sie einmal pro Monat danach. Wegen der großen Nachfrage können wir diese Wünsche nicht erfüllen, und die Patienten müssen sich oft mit weitaus selteneren Behandlungen zufriedengeben. Meine eigene Patientenschaft im Upledger Institute setzt sich etwa zur Hälfte aus Ausübenden verschiedener Heilberufe in ganz Nordamerika und Europa zusammen. Ich schließe daraus, daß die Craniosacrale Therapie diesen Menschen sehr guttun muß, sonst würden sie keine so weite Reise unternehmen, um behandelt zu werden. Die meisten dieser Heilpraktiker kommen für eine Woche, und es endet mit vier oder fünf Nachfolgebehandlungen etwa einmal pro Jahr. Sie berichten mir, wieviel besser sie sich nicht nur körperlich, sondern auch emotionell und seelisch fühlen. Es sieht so aus, als wäre das Craniosacrale System ein

»Kern«-System, in dem die Kontrolleinrichtungen von Körper, Geist, Gefühl und Seele zusammenlaufen.

Von einem subjektiven Gesichtspunkt aus gesehen, haben gesunde Personen, die eine Craniosacral-Therapie erhalten, mehr Energie und sind glücklicher und zufriedener. Sie ziehen sich weniger Infektionen zu, sind seltener und für eine kürzere Zeit ernsthaft krank als vor einer Craniosacralen Therapie. Für mich sieht es so aus, als würde die Leistungsfähigkeit des Immunsystems vergrößert, die Streßschwelle erhöht, das hormonelle Gleichgewicht gekräftigt und das Gefühl des Wohlbefindens verstärkt.

Viele Heilpraktiker haben die Wohltaten der Craniosacralen Therapie entdeckt, als sie ihre Patienten beobachteten. Die meisten der Heilpraktiker, die ich behandle, eignen sich die Sachkenntnis, die zur Anwendung der Craniosacralen Therapie nötig ist, selbständig an.

Die übrigen haben nur gesehen, was andere Therapeuten dadurch erreichten. Auf jeden Fall behandeln wir eine Menge verhältnismäßig Gesunder, die entweder die positiven Auswirkungen der Craniosacralen Therapie bei ihren Patienten beobachtet haben oder diese Behandlung ursprünglich wegen irgendwelchen Beschwerden erhielten und sich wünschten, sie fortzusetzen, um weiter aus der Unsicherheitszone herauszukommen und durch die neutrale Zone hindurch zu einer Verstärkung der totalen Seinszone zu gelangen. Es handelt sich hier um ein Konzept für eine krankheitsorientierte Gesellschaft. Wir gehen gewöhnlich davon aus, daß es uns gut geht - bis wir krank werden. Die Craniosacrale Therapie kann das Kapital unserer Gesundheit vermehren, so daß wir nicht mehr krank werden müssen. Mehr über die Kernaspekte der Craniosacralen Therapie später.

Wie bereits erwähnt, gehörten Kopfschmerzen zu den ersten Beschwerden, die ich mit der Craniosacralen Therapie zu kurieren lernte. Das war vor rund 20 Jahren, und seither habe ich erfolgreich Tausende von Kopfschmerzpatienten behandelt. Ich bin ziemlich sicher, daß die Erfolgsrate bei mehr als 80 Prozent liegt - unabhängig von den Hintergründen. In vielen Fällen haben wir es natürlich mit psychoemotionalen Ursachen für Kopfschmerzen zu tun. Die Techniken der Craniosacralen Abklärung und Behandlung sind sehr hilfreich bei der Ermittlung und Behandlung von Kopfschmerzen, die ein Symptom tiefsitzender psychoemotionaler Probleme darstellen. Sie erfahren mehr über Kopfschmerzen, wenn wir über den SomatoEmotional Release, über Therapeutische Bilder und den Dialog sprechen.

# 9 *Eine Behandlung gegen Depression*

Die Craniosacrale Therapie führt bei sogenannten endogenen Depressionen zu ausgezeichneten Ergebnissen. Hierbei handelt es sich um eine »Depression ohne Anlaß«. Alles erscheint völlig sinnlos. Man erlebt keinen manischen Gefühlsaufschwung, sondern bleibt in der schwermütigen Stimmung stecken. Wir haben herausgefunden, daß eine Depression dieser Art häufig ihre Ursache im Craniosacralen System hat. Es kommt an drei Stellen zu Kompressionen. Aus diesem Grund haben wir von der Kompressions-Depression-Triade gesprochen.

Die Kompressionen sind mitten auf der Basis der Schädelwölbung auf halber Strecke zwischen den Schläfen lokalisiert. Dort treffen die beiden wichtigsten Knochen des Schädelwölbungsbodens zusammen. Wenn sie durch einen Stoß an die Stirn oder auf den Hinterkopf zusammengestaucht wurden und sich nicht wieder voneinander gelöst haben, kann diese Stauchung (oder in unserer Terminologie Kompression) im Lauf der Zeit eine ähnliche Stauchung oder Kompression zwischen Schädelbasis und Halswirbelsäule oder zwischen der Lendenwirbelsäulenbasis und dem Kreuzbein verursachen. Ich habe auch erlebt, daß eine Kompression am unteren Ende der Wirbelsäule zu den beiden übrigen Kompressionen führte. Diese Kompression ist gewöhnlich die Folge eines Sturzes auf den »Allerwertesten«. Bislang habe ich (meines Wissens) noch keinen Fall gesehen, in dem eine Stauchung zwischen Kopf und Halswirbelsäule zu den beiden übrigen Kompressionen geführt hätte. Es kann Monate oder sogar Jahre dauern, bis die Kompressionstriade vollständig ist und den psychoemotionalen Depressionszustand hervorruft. Ist diese Kompressionstriade die Ursache der Depression, hellt sich die Stimmung oft auf, wenn man die Stauchungen therapeutisch behebt.

Noch in der letzten Woche fand ich eine Kompressionstriade bei einer 53 Jahre alten Frau, die seit etwa sechs Jahren an Depressionen litt. Sie berichtete, schon einmal Anfang zwanzig an einer Depression gelitten zu haben, die sie damals mit einer Psychotherapie heilen konnte. Die Frau sagte, ihre jetzige Depression sei ein wenig anders. Sie könne sie nicht »abschütteln« und Psychotherapie scheine nicht zu helfen.

Sie kam zu mir, weil sie unter Ischiasschmerzen im rechten Bein litt. Die Schmerzen waren seit einigen Monaten ziemlich konstant. Ihr Hausarzt - ein Orthopäde und Neurochirurg - hatte ihr nicht helfen können. Die Craniosacrale Abklärung ergab eine starke Spannung der Dura mater, die vom Becken und der Wirbelsäulenbasis ausging. Der untere Teil der Kompressionstriade war vorhanden. Die Evaluation des Craniosacralen Systems im Kopf zeigte, daß auch die beiden übrigen Kompressionskomponenten vorlagen. Es gelang mir, die beiden oberen Kompressionen zu lösen, und ich begann schon bei der ersten Behandlung mit dem unteren Ende des Craniosacralen Systems. Eine Woche später kam sie wieder. Als ich die Kompression an der Wirbelsäulenbasis löste, lachte sie ein wenig. Sie sagte, die Last der Welt sei ihr soeben von ihren Schultern genommen worden, und von ihrer Brust löse sich ein großes Bleigewicht. Dann erinnerte sie sich, daß sie sechs Monate vor Ausbruch dieser neueren Depression beim Skifahren auf das Gesäß gefallen war. Ihre Ischiasschmerzen verschwanden im Verlauf dieser zweiten Sitzung.

Ich werde mich noch ein paarmal mit ihr treffen, um sicherzugehen, daß die Kompression nicht zurückkehrt. Wenn dies der Fall sein sollte, bedeutet das, daß ich die Ursache ihrer Beschwerden nicht gefunden und also auch nicht behoben habe. Tritt die Kompression nicht wieder auf, heißt das, daß die Ursache sehr wahrscheinlich jener Sturz war, an den sie sich erinnerte, und daß sie jetzt behoben ist. Vermutlich will diese Frau nach der Lösung ihres Problems regelmäßig behandelt werden, obwohl es ihr gut geht. Ich halte dies für eine gute Idee. Weshalb sollte man warten, bis die Symptome offenbar werden? Eine Abklärung des Craniosacralen Systems kann oft ein Problem aufdecken helfen, bevor es sich anhand von Symptomen zeigt. Die Korrektur einer symptomfreien Fehlfunktion des Craniosacralen Systems kann lästige Symptome vermeiden helfen.

# 10 *Das bekannte Kiefergelenksyndrom*

Viele Menschen machen mit dem Kiefergelenksyndrom Bekanntschaft. »Syndrom« bezeichnet eine Symptomengruppe, die für eine bestimmte Erkrankung oder Gesundheitsstörung typisch ist. Das »Kiefergelenksyndrom« ist somit die Gruppe von Symptomen, die mit funktionellen Störungen und zuweilen auch mit anatomischen Veränderungen des Kiefergelenks verbunden sind. Die Kiefergelenke befinden sich unmittelbar vor den Ohröffnungen und ermöglichen dem Unterkiefer, sich auf- und abwärtszubewegen. Mit diesen Gelenken können wir den Mund öffnen, schließen, und wir können kauen. Wenn Sie sich die Zeigefinger in die Ohren stecken - so, als wollten Sie sich vor Lärm schützen - und den Mund ein paarmal öffnen und schließen, können Sie spüren, wie sich dieses Gelenk durch die vordere Scheidewand des Ohrkanals bewegt.

Die Kiefergelenke sind sehr wichtig, denn man bewegt sie beim Beißen, Kauen, Sprechen, Atmen und so weiter. Wenn die Kiefergelenke gestört sind, kann sich ein ganzer Komplex von Beschwerden einstellen. Dazu gehören Schmerzen im Kopf, im Nacken, im oberen Rücken, im Kiefer und in den Zähnen sowie Sehstörungen, Verdauungsbeschwerden und seelische Störungen wie Ängstlichkeit, Depression und Reizbarkeit. Auch die Kiefergelenke selbst können sehr schmerzhaft werden; sie können knacken und krachen, wenn man den Mund öffnet und schließt. In schweren Fällen kann der Kiefer entweder in der geöffneten oder in der geschlossenen Position blockieren.

Die Zahnärzte kämpfen seit geraumer Zeit mit diesem Problem - gewöhnlich mit mäßigem Erfolg. Die meisten zahnärztlichen Behandlungen, die ich gesehen habe, begnügten sich damit, die Kiefer und/oder Zähne in Beziehung zueinander zu richten. Es gibt den Versuch einer gewaltsamen Umbildung des Kauapparates. Einige Zahnärzte wenden andere Techniken an, um die Muskeln zu entspannen, die zum Öffnen und Schließen des Mundes dienen. Dazu gehören Trigger-point-Injektionen, Biofeedback und eine Vielzahl anderer Ansätze, die bewirken sollen, daß man aufhört, die Kiefer aufeinanderzupressen und nachts mit den Zähnen zu knirschen.

Einige Zahnärzte sehen in der Craniosacralen Therapie einen vertretbaren Behandlungsansatz in vielen oder sogar allen Fällen eines Kiefergelenksyndroms. Man kann über die Craniosacrale Therapie in solchen Fällen natürlich geteilter Meinung sein, aber sie führt zu guten Resultaten - und dagegen läßt sich nur schwer argumentieren, auch wenn man mit der Theorie nicht übereinstimmt.

Ich persönlich bin naturgemäß voreingenommen. Ich habe bei Hunderten von Kiefergelenksyndrom-Patienten Craniosacrale Therapie angewandt. Zu den Behandlungsmethoden durch Zahnärzte, die ich gesehen habe, gehörte eine Vielfalt von Zahnschienen, -spangen, -umbildungen und dergleichen. Durch die Craniosacrale Therapie helfen wir den Schädelknochen auf sanfte Art, sich selbständig und auf natürliche Weise neu auszurichten. So wird die dem Patienten eigene Tendenz zur Selbstkorrektur berücksichtigt. Wir sind der Ansicht, daß die allermeisten Kiefergelenkfunktionsstörungen eher ein Teil des Symptomenkomplexes (Syndroms) sind als seine Ursache. Wir schätzen es nicht, Symptome zu behandeln. Die Suche nach der Ursache macht mit den Reiz der Craniosacralen Therapie aus. Da die Kiefergelenke in den Schläfenbeinen sitzen, beginnen sie fehlerhaft zu funktionieren, sobald diese Schläfenbeine leicht verschoben sind. In diesem Fall stimmt der Biß nicht mehr (die Okklusion ist fehlerhaft), und es sieht so aus, als sei das Gebiß die Ursache. Aber wenn zuerst die Position und Funktion des Schläfenbeins korrigiert wird, paßt sich der Biß häufig von selbst und ohne kostspielige und gewaltsame Eingriffe wieder an. Für den Craniosacralen Therapeuten ist das Problem erst gelöst, wenn die Ursache des Schläfenbeinproblems erkannt und beseitigt wurde.

Vor etwa drei Jahren kam eine Patientin mit erheblichen Beschwerden zu mir, die mit dem linken Kiefergelenk zusammenhingen. Sie litt heftige Schmerzen in der linken Gesichtshälfte. Jedesmal, wenn sie den linken Jochbogen (Zygoma) berührte, zuckte sie vor Schmerzen zusammen. Sie hatte ständig Kopfschmerzen und einen steifen Hals und an schlechten Tagen starke Arm- und Schulterschmerzen. Etwa ein Drittel ihrer Tage waren »schlechte Tage«. Ihr Sohn ist Zahnarzt. Der Partner ihres Sohnes hatte ihren Fall übernommen und versucht, ihr Kiefergelenkproblem zu beheben. Aber die arme Frau hatte keine Erleichterung erfahren. Sie trug eine Zahnvorrichtung in der Nacht, eine andere am Tag und nahm so viele Schmerztabletten, als wären sie bald nicht mehr erhältlich. Es ging ihr nicht besser, und langsam verzweifelte sie. Ihr Sohn hatte von der Craniosacralen Therapie gehört und schlug ihr vor, mich aufzusuchen, bevor die nächste Phase der Zahnbehandlung begann, in der man ihre Zähne neu ausrichten wollte, um zu versuchen, den Unterkiefer neu zu positionieren.

Die Craniosacrale Abklärung ergab, daß beide Schläfenbeine verschoben waren und sich nicht entsprechend den rhythmischen Veränderungen im Flüssigkeitsdruck des hydraulischen Craniosacralen Systems bewegten. Eine weitere Untersuchung des Systems zeigte, daß die Ursache der Schläfenbeinfunktionsstörung im unteren Rücken saß. Als ich mich dort umsah, stellte ich fest, daß das untere Ende des

Dura-mater-Schlauchs, der den unteren Rücken und das Bekken mit dem Schädel verbindet, außerordentlich stark und abnormal gespannt war. Der Ursprung dieser Störung lag im Kreuzbein, das verschoben war. Diese Verschiebung des Kreuzbeins rührte daher, daß einige der Muskeln, die mit ihm verbunden waren - die piriformen oder birnenförmigen Muskeln -, sich in einem abnormalen Zustand gesteigerter Anspannung befanden. Die Patientin berichtete mir dann, daß sie in ihrer Küche ohnmächtig geworden und auf den Boden gefallen war, bevor ihre ganzen Beschwerden begonnen hatten. Der Grund ihrer Ohnmacht war eine Überdosis eines Medikaments gegen hohen Blutdruck gewesen. Ich wußte jetzt, wie das Kiefergelenksyndrom entstanden war. Es hatte mit einer Überdosis eines Blutdruckmedikaments begonnen, die zur Ohnmacht und einem Sturz auf den Boden führte, bei dem sich das Becken und die Wirbelsäule verrenkte. Die Verrenkung blieb bestehen, weil die Muskeln sich zusammenzogen und eine feste Hülle bildeten - wie es ihre Art ist -, damit die Verletzung nicht noch schlimmer wurde. Zu den Dingen, die ich im Lauf der Jahre gelernt habe, gehört, daß viele der Mechanismen, die uns schützen und bei Unfällen manchmal das Leben retten, uns später schaden, weil sie nicht wissen, wann sie abschalten können, nämlich wenn der Unfall vorbei ist und die Gefahr nicht länger vorhanden ist.

Diese kontrahierten Muskeln hinderten das Kreuzbein am unteren Ende ihres Craniosacralen Systems daran, sich den Schwankungen des rhythmischen hydraulischen Flüssigkeitsdrucks anzupassen. Dieser Zustand war auch für die abnormale Spannung im Dura-mater-Schlauch, den Rückenmarkkanal hinauf bis in den Kopf verantwortlich. Die Membranen im Schädel sind so beschaffen, daß die Schläfenbeine extrem empfindlich gegenüber abnormalen Spannungen in der unterhalb gelegenen Dura mater sind. Darin lag die Ursache für die funktionelle Störung der Schläfenbeine. Die Lageverschiebung der Scheitelbeine in Verbindung mit dem Verlust ihrer normalen Beweglichkeit veränderten die Lage der Kiefergelenkpfannen. Sie waren auf beiden Seiten schief. Der Unterkiefer ist ein durchgehender Knochen. Wenn die beiden Gelenkpfannen auf beiden Kopfseiten schief sind, stehen das eine oder das andere oder auch beide Kiefergelenke unter Spannung. Dann tritt das Kiefergelenksyndrom auf.

Ich beschloß, das Übel bei der Wurzel zu packen. Ich wußte, daß ich ein überzeugendes Argument brauchte, wenn ich all das widerlegen sollte, was der Zahnarztkollege ihres Sohnes diese nette Dame hatte glauben machen. Nichts überzeugt gründlicher als ein dramatisches Nachlassen von Schmerzen. Die gesamte Abklärung des Craniosacralen Systems hatte etwa 15 Minuten gedauert. Also begann ich ohne ein Wort an den Piriformis-Muskeln zu arbeiten, die das Kreuzbein unnötig festhielten. Ich forderte sie auf, sich mit dem Rücken auf den Behandlungstisch zu legen, und schob meine Hand unter ihre rechte Gesäßbacke. Meine andere Hand plazierte ich vorn seitlich neben ihrer rechten Hüfte und dem Becken. Die Piriformis-Muskeln verbinden die Hüfte und das Kreuzbein. Ich konnte förmlich spüren, wie sie meine geistige Gesundheit in Frage stellte, aber sie sagte nichts. Ich bin sicher, daß sie dachte: ›Wieso macht sich dieser Kerl dort unten zu schaffen – weiß er denn nicht, daß mein Problem im Kopf ist?‹ Es dauerte etwa fünf Minuten, bis sich der Piriformis entspannte. Als es so weit war, spürte ich, wie sich das Kreuzbein lockerte. Ich begann, die Bewegung des Kreuzbeins zu verstärken und zu fördern, bis es sich in Übereinstimmung mit dem Rhythmus des Craniosacralen Systems bewegte. Dann sah ich, wie sich das Gesicht der Frau entspannte. Zugleich entkrampfte sich ihr Körper. Sie lächelte, dann begann sie, zur selben Zeit lautlos zu lachen und zu weinen. Der Schmerz war verschwunden. Ihr Gesicht fühlte sich besser an. Ihre Kopfschmerzen waren fort. Aber ihr Nacken blieb steif. Ich wandte mich der linken Seite ihres Beckens zu und lockerte den Muskel, dann legte sich auch die Steifheit im Nacken. Ich mußte die Patientin nicht mehr mit Worten überzeugen. Das Resultat sprach für sich selbst. Sie hat keinerlei Apparate zur Zahnregulierung mehr nötig und erfreut sich seit jener ersten Sitzung eines ungestörten Wohlbefindens.

Die Piriformis-Muskeln brauchten ein regelmäßiges Entspannungstraining, also zeigte ich ihr ein paar Übungen, die verhindern sollten, daß ihre Beschwerden wieder auftraten. Ich behandelte noch etwa zwei Monate lang wöchentlich einmal ihr Craniosacrales System. Heute kommt sie alle drei oder vier Monate zur »Feinabstimmung« und um ihres Seelenfriedens willen. Sie hat eine lebendige Erinnerung an die Schmerzen, die sie früher geplagt haben. Soviel zum Craniosacralen Ansatz beim Kiefergelenksyndrom.

Es gibt noch eine andere Möglichkeit, wie das Kiefergelenksyndrom durch eine Funktionsstörung des Craniosakralen Systems ausgelöst werden kann. Dies zeigt sich sehr schön am Beispiel einer anderen Frau, die auf Empfehlung einer Patientin zu mir kam. Sie war 58 Jahre alt und litt seit rund 15 Jahren an heftigen Kopfschmerzen, die sie zeitweilig arbeitsunfähig machten, an Nackenschmerzen und Taubheit in den Armen. In den letzten zehn Jahren war sie von ihrem Zahnarzt, ihrem Chiropraktiker und ihrem Internisten behandelt worden. Und sie war seit über sechs Jahren in einer Psychotherapie. Sie hielt es für möglich, daß ihre Kopfschmerzen psychosomatisch waren. Ihr Zahnarzt behandelte sie außerdem wegen eines Kiefergelenksyndroms. Sie trug »Schienen« im Mund, die verhinderten, daß sich ihre Zähne zu fest aufeinanderpreßten und so zuviel Druck auf ihre Kiefergelenke ausübten.

Die Craniosacrale Abklärung ließ vermuten, daß sie einmal einen Schlag oder Druck auf den Kopf bekommen hatte, bei dem der Teil ihres Schädels, der über ihrem Gaumenbein lag, auf die Gaumenplatte gepreßt worden war. Der Druck war geblieben und hatte zu einer Dehnung des Gaumenbeins geführt, die wiederum eine fehlerhafte Okklusion zwischen den oberen und unteren Zähnen zur Folge hatte. Im Lauf der Jahre führten der fehlerhafte Gebißschluß und das damit verbundene Abschleifen der Zähne zu einer abnormalen Abnutzung der Kiefergelenke. *Voilà* - das Kiefergelenksyndrom.

Um dieses Problem zu lösen, mußte ich den Schädel vom Gaumenbein abheben und dann dem Gaumenbein zu einer engeren Wölbung verhelfen. Diese Behandlung erforderte mehrere Stunden Arbeit, aber schließlich war sie abgeschlossen. Die Frau verwendete keine Zahnapparate mehr und ist meistens frei von Kopfschmerzen, wenn sie sich nicht gerade über etwas ärgert. Dann bekommt sie Spannungskopfschmerzen, wie so viele Menschen.

Wie war es dazu gekommen? Die Frau erinnerte sich schließlich an die Ursache ihrer Verletzung. Sie war damals ein Teenager gewesen. Sie schwamm in den Sommerferien mit Freunden in einem See in Michigan. Als sie neben einem Floß auf dem See auftauchte, sprang im selben Augenblick ein junger Mann vom Floß aus ins Wasser, und die beiden prallten heftig mit den Köpfen zusammen. Sie wäre beinahe ertrunken. Man mußte sie aus dem Wasser ziehen und künstlich beatmen, weil sie bewußtlos war. Nach etwa 20 Jahren verringerte sich die Fähigkeit ihres Körpers, die noch bestehenden Folgen dieses Zusammenstoßes zu verkraften. Damals begannen die Symptome. Ich glaube, ein großer Teil der Verletzungsfolgen bestanden noch, weil sie zur Unfallzeit »ausgeknockt« war und einige ihrer Selbstkorrekturmechanismen beeinträchtigt waren. Wir erleben so etwas immer wieder.

Die Heilerfolge bleiben bestehen. Beide Patientinnen halten den Kontakt mit mir aufrecht, und ich weiß, daß sie nicht länger am Kiefergelenksyndrom leiden.

# 11 *Chronische Schmerzen und Invalidität*

Ein weiterer Bereich der Gesundheitspflege, in dem die Craniosacrale Therapie Beachtliches leisten kann und leistet, sind chronische Schmerzzustände. Chronische Schmerzen gibt es in allen Spielarten und Graden. Es ist ein Bereich, der sehr eindrücklich das Konzept des Craniosacralen Systems als den »Kern« der Person ans Licht bringt. Chronischer Schmerz kann überall im Körper und aus allen nur denkbaren Gründen auftreten. Wenn er lange genug andauert, betrifft und beeinträchtigt er das Craniosacrale System. Wenn die Ursache der körperlichen Schmerzen außerhalb des Craniosacralen Systems beseitigt ist, das System selbst aber nicht ausreichend behandelt wurde, können die Schmerzen andauern. Das liegt daran, daß die Probleme mit dem Craniosacralen System noch bestehen. Diese Patienten enden häufig in der Psychotherapie oder werden als hoffnungslose Fälle bezeichnet. Manchmal beschränkt sich die herkömmliche Therapie darauf, sie zu lehren, mit den Schmerzen zu leben.

Die Behebung von Fehlfunktionen des Craniosacralen Systems ist häufig der letzte Schliff, der dem Patienten wieder ein normales, schmerzfreies Leben ermöglicht. Dies ist sehr oft bei Bandscheibenvorfällen der Fall. Der Bandscheibenvorfall wird operativ behoben, und der Druck, den die vorgetretene Bandscheibe auf eine Nervenwurzel verursachte, wird aufgehoben. Aber die abnormale Spannung im Membransystem der Dura mater hat sehr häufig zur Folge, daß der Schmerz, der aus dem »Kernsystem« (dem Craniosacralen System) kommt, andauert, obwohl die Korrektur außerhalb des Craniosacralen Systems vorgenommen wurde. Eine richtig angewandte Craniosacrale Therapie ist oft alles, was nötig ist, um die Beschwerden endgültig zu beseitigen.

Der Bandscheibenvorfall ist nur eine der Schmerzursachen, die mit dem Druck auf einen Nerv des Rückenmarks zu tun haben. Dieser Druck kann von Narbengewebe, fehlerhaft funktionierenden Wirbelgelenken, abnormalen Muskelspannungen, Gewebeschwellungen, Kalkablagerungen, schlecht verheilten Knochenbrüchen und dergleichen herrühren. Die Liste ist nicht endlos, aber sehr lang. Diese Probleme lassen sich oft beheben, aber wenn das Craniosacrale System vernachlässigt wird, bleiben die schmerzhaften Symptome bestehen. Wir müssen uns einfach daran erinnern, daß schmerzhafte Zustände, die ihren Ursprung außerhalb des Craniosacralen Systems haben, gewöhnlich zu diesem System zurückführen. Der Sekundäreffekt auf das Craniosacrale System ist dann oft stark genug, den Schmerz fortbestehen zu lassen, obwohl die Ursache korrigiert wurde.

## *Postherpetische Neuritis*

Vor kurzem untersuchte ich eine Patientin, die vor etwa vier Jahren unter einer Gürtelrose gelitten hatte. Gürtelrose ist - wie Sie vielleicht wissen - eine Virusinfektion eines oder mehrerer Nerven, die zwischen den Rippen verlaufen. Sie ist äußerst schmerzhaft und wird von einem Hautausschlag begleitet, der extrem berührungsempfindlich ist, auch wenn man ihn nur mit einem Wattebausch berührt. Der Hautausschlag folgt der Nervenbahn. Das Muster des Ausschlags ist so typisch, daß es zusammen mit den Schmerzen für die Diagnose vollständig ausreicht. Herpesausschlag bleibt in der Regel etwa sechs Wochen lang bestehen. Dann geht, wenn man Glück hat, alles zurück und normalisiert sich. Der Ausschlag hinterläßt gewöhnlich Narben in der Haut. Ich hatte etwa hundert Fälle von Gürtelrose mit einer Kombination aus Akupunktur und osteopathischer Manipulation behandelt, bevor ich mit der Craniosacralen Therapie anfing. Die Ergebnisse waren gut gewesen, aber bei einem kleinen Prozentsatz dieser Patienten war ein chronischer Schmerz zurückgeblieben, der auf keine meiner Behandlungen ansprach.

Diese Patientin, die vor kurzem bei mir gewesen war, hatte immer noch heftige Schmerzen im Rücken und zwischen den Rippen, da, wo vorher der Ausschlag war. Ich hatte sie damals nicht behandelt. Man hatte ihr Kortisonspritzen gegeben, die ihr durch die akute Phase der Gürtelrose hindurchgeholfen, sie aber nicht von den chronischen Schmerzen befreit hatten, die sie jetzt bereits seit vier Jahren plagten. Sie war in dieser Zeit zudem osteopathisch und chiropraktisch behandelt worden. Beide Therapien hatten sie nur teilweise und nicht auf Dauer von ihren Schmerzen befreit. Der offizielle Name für ihren schmerzhaften Zustand lautete »Postherpetische Neuritis«. Man schätzt, daß dieser Zustand etwa in einem von zehn Fällen mehrere Jahre nach der akuten Phase von Gürtelrose (Herpes zoster) auftritt.

Als ich das Craniosacrale System der Frau abklärte, zeigte sich, daß sich die Dura mater auf der Höhe, wo das Herpes-zoster-Virus ihren Zwischenrippennerv angegriffen hatte, innerhalb des Rückenmarkkanals nicht frei bewegen konnte. Es handelt sich hier um den Nerv, der zwischen den Rippen verläuft und unterhalb des Hautausschlags liegt. Die Gürtelrosenarben verrieten mir genau, welcher Nerv vom Angriff des Herpes-zoster-Virus betroffen worden war.

Ich vermute, es geschieht folgendes: Die Entzündung der betroffenen Nervenwurzel bewegt sich den Nerv entlang sowohl nach innen in das Craniosacrale System hinein als auch nach außen. Wenn wir das Craniosacrale Membransystem innerhalb des Rückenmarkkanals wieder beweglich machen, verschwindet der Restschmerz. Genau dies geschah bei der

Patientin. Vier Jahre des Schmerzes endeten in einer einzigen Craniosacralen Behandlung von 40 Minuten Dauer. Weshalb? Weil wir uns sowohl mit dem »Kern« als auch mit dem Umfeld befaßt hatten.

## *Beckenquetschung mit einer schweren Funktionsstörung des Craniosacralen Systems*

Chet war ein Schullehrer in der Innenstadt von Detroit, als sich sein Unfall ereignete. Er arbeitete, wie so viele Lehrer, in den Sommerferien am Bau. Ein Kabel riß, und eine Last Eisenstangen, die an einem Kran gehangen hatte, stürzte auf Chet hinab. Zum Glück traf sie ihn am unteren Rücken. Es ist schwierig, genau zu rekonstruieren, was geschah, aber es endete damit, daß Chet auf dem Rücken im Schmutz lag, niedergedrückt von einer Ladung Eisenstangen über seiner Hüfte. Sein Becken war an drei Stellen gebrochen.

Nach diesem Unfall und nachdem alle seine Knochen wieder geheilt waren, mußte Chet feststellen, daß er seine Gedanken nicht mehr so leicht und rasch wie gewohnt in Worte fassen konnte. Es dämmerte ihm, daß er nicht mehr fähig sein würde, in der Schule zu unterrichten, weil er nicht vor der Klasse stehen und seine Einfälle und Gedanken angemessen auszudrücken vermochte. Er konnte sprechen, brauchte aber Zeit, die Wörter herauszubringen. Besonders in der Stadt würden die Schüler über seine Schwäche herziehen, sobald sie sie erkannt hätten. Chet konnte seine wunde Stelle nicht verheimlichen.

Zusätzlich zu seinen Ausdrucksschwierigkeiten litt Chet häufig an Schmerzen im unteren Rücken, im Nacken und im Kopf und hatte Anfälle von unerklärlicher und schwer zu kontrollierender Verwirrung und Ängstlichkeit.

Ein Akupunkteur und Craniosacraler Therapeut überwies ihn etwa vier Jahre nach seinem Unfall an mich. Chet hatte einen gewissen Grad der Besserung erreicht. Jetzt wollte man sehen, ob ich ihn von dieser Ebene aus auf eine höhere Ebene des Wohlbefindens heben konnte. Ich liebte diese Art von Herausforderung.

Chet war intelligent. Er hatte Geschick und Erfolg in einem anderen Beruf bewiesen, der weniger Umgang mit anderen Menschen erforderte. Er war recht gut in Investitionen mit hohem Risiko und in Behindertensportveranstaltungen. Er war sehr geschickt mit Zahlen und Statistiken.

Als ich Chet zum ersten Mal sah, kam er für zwei Wochen nach Florida. Ich behandelte ihn in dieser Zeit achtmal. Meiner Meinung nach war sein meningeales Membransystem wegen der Verletzung fest mit seinem Becken verbunden. Da sich dieses Membransystem bis in den Kopf erstreckt, setzte sich auch die Beeinträchtigung von Beweglichkeit und Funktion der Membranen vom Becken aus bis in den Kopf und Nacken fort. Dies war die Ursache für seine Sprechschwierigkeiten, seine Kopf- und Nackenschmerzen und seine Anfälle von Ängstlichkeit und Verwirrung.

Ich begann, an seinem Becken zu arbeiten. Es zeigte sich eine Veränderung in seinen mentalen Symptomen und in den Kopf- und Nackenschmerzen. Diese Veränderungen im Kopf während der Arbeit an seinem Becken zeigten uns, daß wir auf der richtigen Spur waren. Chet war einverstanden, sich weiter von mir behandeln zu lassen.

Heute geht es Chet gut: Er hat selten Kopfschmerzen, sein Nacken ist beschwerdefrei, er hat keine Angstanfälle mehr und seine Sprache hat sich um etwa 75 Prozent verbessert. Er ist nicht zu seiner Lehrtätigkeit zurückgekehrt, weil er mit seinen Investment-Spekulationen genug verdient.

Seit ich vor rund vier Jahren mit Chet zu arbeiten begann, ist er drei- oder viermal pro Jahr für eine Behandlungswoche zu mir gekommen. Sein Zustand verbessert sich sogar zwischen den Behandlungen. Das ist typisch für die Craniosacrale Therapie. Sie aktiviert die Kräfte der Selbstheilung. Dem Patienten geht es häufig beim nächsten Termin besser als nach der letzten Behandlung. Bei Chet läßt sich diese Eigenart der Craniosacralen Therapie gut beobachten. Ich denke, daß die Ebene, die er jetzt erreicht hat, »normal« ist.

## *Wiederherstellung der Gehirnfunktion nach einem Koma*

Jean war 62 Jahre alt, als sie zum erstenmal zu mir kam. Sie gehörte zu den ordentlichsten Menschen, denen ich jemals begegnet bin. Sie notierte sich alles. Man mußte ihr alles erklären. Sie fragte immerzu. Bevor sie zu uns kam, brachte sie mit ihren Fragen erst einmal meine Sprechstundenhilfe fast zur Verzweiflung.

Als sie zu ihrem ersten Termin kam, war ich erstaunt. Sie erzählte mir eine lange Geschichte von Koma und Invalidität nach einem Autounfall vor 20 Jahren. Man hatte ihr gesagt, sie würde nie wieder laufen können. Sie lief nicht nur, sie schwamm sogar jeden Morgen 50 Runden in einem 30-Meter-Becken, ohne Pause. Sie besaß kein Vertrauen zu den Ärzten, weil die sie davon überzeugen wollten, daß sie für den Rest ihres Lebens invalide sein würde. Hätte sie auf sie gehört, würde sie ihr Leben den Erwartungen der Ärzte angepaßt und »heruntergeschraubt« haben.

Während sie mich einzuschätzen versuchte, spürte ich förmlich, wie sie darauf lauerte, ob ich es wohl wagen würde, etwas Negatives oder Pessimistisches zu sagen. Dank ihrer Resolutheit und Selbstdisziplin konnte sie wieder ein normales Leben führen, und wehe, jemand sagte etwas Falsches zu ihr!

Der Grund dieses Besuches war, zu entscheiden, ob sie

eine »Craniosacrale Therapie« wünschte oder nicht. Sie hatte festgestellt, daß ihr Gedächtnis ein wenig nachließ. Tatsächlich hatte es stark nachgelassen, und das war der Grund dafür, daß sie alles aufschrieb. Außerdem war ihre Fähigkeit, sich zu konzentrieren und etwas sogleich zu verstehen, geringer geworden. Es zeigte sich, daß dies der Grund war für ihre Fragen und daß sie immer wieder um Erklärungen bat. Sie kannte ihre Schwächen und hatte nicht die Absicht, sich von ihnen beherrschen zu lassen.

Jean hatte gehört, daß die Craniosacrale Therapie manchmal die Gehirnfunktion verbessere. Ich bestätigte ihr dies, betonte aber, daß ich nichts versprechen könne. Sie sagte, sie würde mir ihre Entscheidung mitteilen. Bei diesem ersten Termin wurde nur gesprochen - es war eine richtige Frage-und-Antwort-Sitzung. Es war zwar ein wenig anstrengend, aber ich empfand tiefen Respekt vor der Zähigkeit und Bestimmtheit dieser Frau.

Nach etwa einer Woche rief sie an und verkündete, sie würde zehn Craniosacrale Behandlungen in Abständen von einer Woche nehmen. Sie war der Ansicht, zehn Sitzungen wären genug, um ihre Gehirnfunktionen zu verbessern - wenn diese Behandlung tatsächlich half.

Sie machte sich großartig. Während ihrer zehnwöchigen Probezeit wurden ihre Fragen immer seltener - sie brauchte nur ein oder zwei Erklärungen zu einer Sache, um sie wirklich zu verstehen, und sie hörte auf, alles zu notieren. Sie entspannte sich sogar weitgehend und war viel weniger rastlos und angespannt. Sie setzte ihr Gehen und Schwimmen fort, aber es war jetzt weniger ein Zwang, sondern eher eine erholsame Aktivität.

Dies liegt heute sieben Jahre zurück, und Jean kommt alle paar Monate zu einer Craniosacralen Behandlung. Sie tut dies, weil es ihr hilft, sich besser zu fühlen. Sie ist nett, und es macht Spaß, mit ihr zusammenzusein. Ich mag die Termine mit ihr, weil wir uns jedesmal anregend und lebhaft unterhalten. Außerdem bestätigt es mir die wohltuende Wirkung der Cranioscralen Therapie.

## *Rückenmarkverletzungen*

John war ein gesunder amerikanischer Mann, als er von einem Baum fiel. An jenem Abend fand eine Party statt. Er wurde »high« und beschloß, eine Heldentat zu vollbringen. Er kletterte auf den Baum, fiel und brach sich den Rücken. Das war vor rund drei Jahren. Er war damals Mitte Dreißig und häufig »high«. Er war ein vielversprechender und aufstrebender junger Bühnenschriftsteller.

Nachdem John vom Baum gefallen war, konnte er seine Beine weder bewegen noch fühlen. Bald mußte er feststellen, daß er die Kontrolle über seinen Darm und die Blase eingebüßt hatte. Es war niederschmetternd. Stellen Sie sich vor, was es bedeutet, plötzlich völlig von anderen abhängig zu sein und einen Körper zu haben, der alles ausscheidet, ohne daß Sie es wahrnehmen. Es ist besonders schlimm, wenn man jung, ledig und hübsch ist und eine vielversprechende Zukunft vor sich hatte.

John erschien zu unserem zweiwöchigen Intensivbehandlungsprogramm für gehirn- und rückenmarkgeschädigte Patienten. Er erhielt zwei Wochen lang sieben bis acht Stunden täglich an fünf Tagen pro Woche Intensivbehandlungen. Dieses Behandlungsprogramm umfaßt alles, was in diesem Buch besprochen wird: Craniosacrale Therapie, Release der Energiezyste, SomatoEmotional Release, Therapeutische Bilder und Dialog sowie Einzel- und Gruppenpsychotherapie. Außerdem gehören Akupunktur, Meditation, physikalische Therapie, Beschäftigungstherapie, therapeutische Übungen, verschiedene Massagetherapien sowie Yogaübungen dazu.

Gegen Ende der beiden Wochen begann John, die Kontrolle über seine Darm- und Blasenfunktionen wiederzuerlangen. Er spürte etwas in seinen Beinen und im Unterleib und lernte allmählich, die Beine ein wenig zu bewegen.

Das war vor zwei Jahren. John hat regelmäßig mit einem unserer Craniosacralen Leute gearbeitet, der physikalischer Therapeut ist. Er hat in dieser Zeit erhebliche Fortschritte gemacht. Im Anschluß an unser Intensivprogramm kam er dreimal für jeweils eine Woche zur Behandlung in unser Zentrum zurück.

Vor einigen Monaten zog John nach Florida um, so daß wir mehr Zeit hatten und intensiver miteinander arbeiten konnten. Seinen Beinen geht es sehr gut. Er kann sie bewegen, und er kann mit fremder Hilfe gehen. Ich erwarte zuversichtlich, daß John Ende 1992 ohne Hilfe gehen kann.

Wenn ich über diesen Fall nachdenke, wird mir eines klar: Wir sind zu dumm, um zu erkennen, daß wir das Unmögliche erwarten. Also versuchen wir es immer wieder ... und manchmal klappt es.

Erwartung spielt eine große Rolle beim Erfolg. Erwarte eine Niederlage, und sie stellt sich ein - erwarte Erfolg, und du hast ihn.

Wir haben mehr als 2000 Fälle von ständigen chronischen Schmerzen in unserer Datei; von Patienten, die günstig auf die Craniosacrale Therapie ansprachen, nachdem sie sich vielen anderen Behandlungen unterzogen hatten, die ihnen nur teilweise und/oder vorübergehende Erleichterung gebracht haben.

## *Invaliditätsvorbeugung*

Lassen Sie uns nun das Beispiel einer Patientin betrachten, bei der wir, so denke ich, einen größeren Schlaganfall verhindert haben, der sonst zur Invalidität geführt hätte. Und wir brachten, was sehr wichtig war, dem Ehepartner die Grundzüge der Behandlung bei.

Annette war 72 Jahre alt, als ich sie zum ersten Mal sah. Sie war auf dem Bürgersteig genau vor meiner Praxis gestürzt. Harry, ihr Mann, hatte sie gleich in unser Wartezimmer gebracht, so daß ich sie wenige Minuten später sehen konnte.

Ihre Verletzungen waren nicht allzu schwerwiegend. Sie hatte eine leicht blutende Schürfwunde am rechten Knie, mit Steinchen und Schmutzpartikeln darin, die rasch anschwoll. Annette war auf die Hüfte gefallen, die stark schmerzte. Ich fragte mich, ob sie gebrochen war. Annette hatte außerdem eine Wunde am rechten Ellbogen, die rasch anschwoll. Ihre Brille war vollständig zersplittert. Sie hatte großflächige Prellungen an der Stirn und an der Gesichtsseite. Ihr Blutdruck war 190/110.

Damals stand ein Röntgenapparat in meiner Praxis, und ich machte ein paar Aufnahmen von den verletzten Körperteilen. Es schien keine Knochenbrüche zu geben. Ich wollte sicher sein, daß sie nicht gestürzt war, weil zuerst vielleicht ihre Hüfte spontan gebrochen war. Das hätte ihren Sturz verursachen können. So etwas kommt zuweilen vor. Die Knochen werden so brüchig, daß die Hüfte des Patienten von selbst bricht und zu einem Sturz führt. In Annettes Fall gab es keinen Knochenbruch, und ihre Knochendichte sah auf den Röntgenaufnahmen sehr gut aus.

Harry dachte, sie müsse auf eine Kante des Bürgersteigs getreten sein. Annette war verwirrt. Sie hatte keine Ahnung, weshalb sie gestürzt war. Je länger ich mit ihr sprach, desto sicherer war ich, daß sie einen kurzen Augenblick lang einen »Blackout« gehabt hatte und gefallen war. Dies ist typisch für das, was wir früher das »Kleine-Schlaganfall-Syndrom« nannten. Heute bezeichnen wir es als »vorübergehende zerebrale ischämische Attacke«. Aber wie man es auch nennen mag, es handelt sich immer um dasselbe. Es bedeutet, daß das Gehirn kurzfristig mangelhaft mit Blut versorgt wird. In diesen Augenblicken des unzureichenden oder verminderten Blutflusses erlebt der Patient Verwirrung, Taubheit an bestimmten Körperstellen, Verlust der Kontrolle über einige Teile seines Körpers, oder er hat - wie in Annettes Fall - einen vorübergehenden vollständigen Blackout.

Als ich meine Unterhaltung mit Annette fortsetzte, sagte sie, sie hätte bereits mehrere Momente vorübergehender Verwirrung gehabt. Sie beschrieb das »Kleine-Schlaganfall-Syndrom« wunderbar. Das größere Problem ist, daß ein kleiner Schlaganfall nicht selten einem großen Schlaganfall unmittelbar vorausgeht. Der kleine Schlaganfall ist ein Warnsignal.

Ich verschrieb ihr ein Medikament zur Verbesserung ihrer Gehirndurchblutung und entschied, einige Techniken der Craniosacralen Therapie anzuwenden, um die Versorgung von Annettes Gehirn mit sauerstoffreichem Blut weiterhin zu verbessern. Ich habe drei Techniken bei Patienten mit »kleinen Schlaganfällen« als besonders hilfreich erfahren. Es handelt sich 1. um die Befreiung der Thoraxapertur; 2. die Befreiung der Okzipital-Cranial-Basis; und 3. die Anhebung des Scheitelbeins mit Dehnung.

Ich wandte diese Techniken bei Annette dreimal wöchentlich an. Innerhalb von zwei Wochen hörten ihre Verwirrungszustände auf. Ihr gefiel die Craniosacrale Therapie sehr, weil sie ihr guttat. Sie hätte gerne weitere Behandlungen gehabt, aber Medicare* war nicht sehr interessiert daran, daß ich Annette dreimal pro Woche behandelte; sie weigerten sich, weiterhin zu zahlen. Annette und Harry lebten von einer Pension. Sie waren nicht reich; so beschloß ich, Harry zu fragen, ob er die Techniken der Craniosacralen Therapie lernen wolle. Er war sehr interessiert daran. Er hatte mir mehrmals

---

* Programm der amerikanischen Regierung zur medizinischen Unterstützung von Personen über 65 Jahren und Invaliden unter 65 Jahren. - *Anm. d. Übers.*

zugeschaut und gesehen, wie sanft und leicht die Craniosacrale Therapie ist. Harry lernte sehr rasch und behandelte seine geliebte Frau selbst. Drei Jahre lang wandte er die Techniken dreimal wöchentlich an, und ich sah Annette einmal im Monat. Ihre »Kleinen Schlaganfälle« wiederholten sich nicht.

Kurz nachdem Harry angefangen hatte, Annette zu behandeln, fragten sie mich, ob ich nicht auch Annette beibringen könnte, Harry zu behandeln. Sie fühlte sich viel besser, war munterer, hatte mehr Energie und wollte dies alles mit ihrem Mann teilen. Annette lernte einige Griffe. Sie waren beide sehr glücklich, einander helfen zu können. Ich bin sicher, daß sie sich nützlicher und erfüllter fühlten. Etwa drei Jahre, nachdem Annette und Harry wieder nach Wisconsin gezogen waren, um näher bei ihren Familien zu sein, verlor ich sie aus den Augen.

# 12 *Einsichten*

Unsere umfangreiche Arbeit mit chronischen Schmerzen und anderen Beschwerden öffnete uns die Tür zu verschiedensten Einsichten. Dazu gehören Gewebeerinnerung, Energiezysten, SomatoEmotional Release, Kraft und Bedeutung von Absicht und Berührung, die Anwendung therapeutischer Bilder und des Dialogs und - last but not least - die Frage, wer diese Art Arbeit tun kann. Der Weg geht immer weiter. Zur Zeit bin ich fast sicher, daß die einzigen Grenzen unserer Fähigkeit zur Selbstheilung die sind, die wir selbst aus unseren negativen Überzeugungen in bezug auf Selbstheilung errichten.

Ich erkenne jetzt, daß meine Aufgabe die eines Vermittlers ist, der den Heilungsprozeß des Patienten fördert. Ich habe von meinen Anfängen in der Medizin - als ich noch glaubte, ich könne Menschen »kurieren« - einen langen Weg bis zu dieser Erkenntnis zurückgelegt. Ich habe alle möglichen Arten von Herzattacken, Schlaganfällen und akuten Verletzungen »kuriert«. Ich habe wirklich geglaubt, ich sei es gewesen, der sie »kurierte«. Ich fühlte mich schuldig, als Versager, wenn es einem meiner Patienten nicht gut ging.

Heute weiß ich, daß ich in jenen frühen Tagen unreif und auf einem »Egotrip« war. Heute weiß ich, daß der Patient die Heilung übernimmt, und daß ich das Privileg genieße, Zeuge seines Heilungsprozesses zu sein und vielleicht daran teilzunehmen. Heute weiß ich, daß ich der Schüler bin und der Patient mein Lehrer ist. Vielleicht verstehen Sie besser, was ich meine, wenn sie die folgenden Kapitel gelesen haben.

# 13 *Gewebeerinnerung! Was kommt als nächstes?*

Wenn ich so mit einem Patienten nach dem anderen in langem ruhigen Berührungskontakt arbeite, was ja das Wesen der Craniosacralen Therapie ist, spüre ich, wie meine Hände sich fast von selbst bewegen, und zwar zu bestimmten Körperbereichen des Patienten hin, in denen eine Art Erinnerung an eine einmal erlittene Verletzung vorhanden zu sein scheint. Diese Körperbereiche können einen Bezug zu dem haben, was ich in diesem Teil der Behandlung beabsichtigt hatte, es muß aber nicht unbedingt so sein. Ich habe sehr schnell gelernt, meinen Händen die Freiheit zu lassen, sich dorthin zu bewegen, wo es sie hinzieht. Ich schaue immer noch voller Verwunderung zu, wie meine Hände mich zu Stellen am Körper des Patienten führen, die ich sonst nicht gefunden hätte.

Und diese Stellen hängen immer irgendwie mit dem wichtigsten Problem zusammen. Sie sind auf weitaus grundlegendere Art mit ihm verbunden als das Symptom. Oft lasse ich dann meine Hände einfach dort liegen und werde in dieser Ruhe zum aufmerksamen Beobachter. Gewöhnlich spüre ich Wärme unter oder zwischen meinen Händen - mehr Wärme, als meine Haut oder die Haut des Patienten abgeben könnte. Dann entsteht an dieser Stelle häufig ein Pulsieren, das ich beobachte. Es ist in der Regel ein wenig langsamer als der Herzschlag. Wir nannten es den »therapeutischen Puls«, weil es so aussieht, als würde im Innern des Patienten durch dieses Pulsieren eine heilsame Veränderung geschehen. Gewöhnlich schlägt sein Herz ein paar Minuten lang schneller, dann wieder normal. Wenn sich der Herzschlag auf ein Maximum erhöht, wird auch der »therapeutische Puls« stärker. Er wird nicht schneller. Dann verringert sich der »therapeutische Puls«, bis ich ihn nicht mehr wahrnehmen kann.

Unmittelbar nach diesem Phänomen berichtet der Patient in der Regel von einem Nachlassen der Schmerzen. Sein Körpergewebe entspannt sich merklich. Oft, nicht immer, spricht er von einem Gefühl der Angst oder Wut. Er hat außerdem vielleicht eine lebhafte Erinnerung an einen Unfall oder eine Verletzung, die offenbar in Beziehung zu diesem Körperbereich stand. Sie taucht nicht immer gleichzeitig mit der Gewebeentspannung auf. Sie wird dem Patienten vielleicht erst am Abend danach oder ein paar Tage später bewußt. In manchen Fällen bleibt die Erinnerung aus, aber der Patient fühlt sich trotzdem besser.

Ich sehe in diesem Phänomen eine »Gewebeerinnerung« und meine damit, daß die Körperzellen und -gewebe vielleicht wirklich über ein eigenes Erinnerungsvermögen verfügen. Diese Gewebeerinnerungen hängen nicht unbedingt mit dem Gehirn zusammen. Diesen Eindruck habe ich deshalb gewonnen, weil ich Hunderte von Craniosacralen Sitzungen erlebt habe, bei denen es so aussah, als würde eine Erinnerung, die im Gewebe gespeichert war, freigesetzt, und als würde sich der Patient dieses Unfalls erst bewußt, nachdem das Gewebe Wärme abgegeben, die oben beschriebene »therapeutische Puls«-Phase durchlaufen, sich dann entspannt hatte und weicher wurde.

Vor einiger Zeit präsentierte ich dieses Konzept der Gewebeerinnerung einer Gruppe physikalischer Therapeuten anläßlich eines ihrer Jahrestreffen in New England. Eine Zuhörerin widersprach mir heftig. Sie erklärte es für unmöglich, daß ein Gewebe wie etwa ein Muskel tatsächlich ein eigenständiges Gedächtnis besitze. Sie verfügte über einen soliden psychologischen Hintergrund und bestand darauf, daß ich wohl irgendwie die Erinnerung des Gehirns an den Unfall aktiviere. Ein Physiker im hinteren Teil des Saals rettete mich aus dieser Situation. Er hatte mehr als 15 Jahre lang im Auftrag der Armee Energiefelder untersucht und war dann mit mir in dieses Land gekommen, um gemeinsam mit mir zu forschen. Er hatte beschlossen, an der Konferenz teilzunehmen, um sein Wissen zu erweitern. Ich war heilfroh, daß er anwesend war, denn er brachte ein Argument zur Frage der Gewebeerinnerung vor, die ansonsten gewiß nicht zufriedenstellend beantwortet worden wäre.

Der Physiker erinnerte uns an die Tatsache, daß wir eine Sinfonie auf ein gewöhnliches Plastikband speichern können, daß wir sogar ein ganzes TV-Programm mit Farben und Klängen auf ein etwas größeres, aber immer noch einfaches Stück Plastik bannen können. Deshalb, so sagte er, leuchte es ein, daß etwas so Komplexes wie ein Muskel, Knochen oder ein Teil der Leber die Erinnerung an einen Unfall oder eine Verletzung speichern könne. Denken Sie darüber nach, sagte er. Sein Plädoyer endete sehr abrupt, und ich dankte ihm.

Erst letzte Woche (im Dezember 1991) arbeitete ich mit einem 40jährigen Kollegen, der 1974 einen Flugzeugabsturz überlebt hatte. Es war ein kleines Flugzeug gewesen. Die beiden anderen Insassen waren beim Absturz umgekommen. Er hatte zwei Stunden lang mit gebrochenem Rücken und bei vollem Bewußtsein im Flugzeug gelegen, bevor man ihn fand, befreite und ins Krankenhaus brachte. Sein Körper erholte sich von den Folgen des Absturzes, aber er hatte seither ständig Schmerzen im unteren Nackenbereich, im unteren Rükken und in den Beinen. Im letzten Jahr hatte er zunehmend Mühe, sein linkes Bein zu kontrollieren. Es gehorchte seinen Befehlen nicht und schmerzte stärker. Seine Kniescheibe ist gebrochen; das könnte die Beschwerden verursachen; aber er möchte, wenn möglich, eine Operation vermeiden. Der Mann ist Arzt und weiß, daß Kniescheibenoperationen riskant sind. Ich habe ihn schon einmal vor rund sechs Monaten behandelt. Er berichtete, er habe sich nach der ersten Behandlung während sechs Wochen deutlich besser gefühlt. Bei dieser ersten Sitzung hatte ich sanfte Techniken angewandt, die seinen Rücken entspannten, und daran gearbeitet, sein Craniosacrales System zu normalisieren.

Bei der zweiten Behandlung nun zog es meine rechte Hand eindeutig zu seinem linken Knöchel und Fuß. Ich habe gelernt, der Weisheit meiner Hände zu vertrauen, also ließ ich zu, was auch immer sie wollte. Meine Finger fanden ganz bestimmte Stellen an seinem Knöchel und Fuß. Ich ließ meine Hand dort liegen und wartete ab. Dann bewegte sich meine linke Hand zur Vorderseite seines linken Beckens. Es fühlte sich für mich so an, als sei er dort verletzt worden. Er sagte, sein Becken sei nicht gebrochen gewesen, aber später erinnerte er sich, daß sein Bauchmuskel - der rechte Abdominalmuskel - beim Unfall vorn und links vom Becken gerissen war. Wir unterhielten uns eine Weile, ohne daß ich meine Hände weggenommen hätte. Ich wartete ab, um zu sehen, wie sein Körpergewebe reagieren würde. Nach ein paar Minuten sagte er, in seinem Bein tue sich etwas, konnte es aber nicht beschreiben. Es geschieht so oft bei dieser Arbeit, daß die Patienten etwas fühlen, es aber nirgends einordnen können. Sie haben nie zuvor etwas Ähnliches erlebt, deshalb zweifeln sie vielleicht anfangs an ihren Gefühlen. Das liegt vermutlich daran, daß diese Emotionen neu für sie sind.

Dieses Gefühl in seinem Bein, das er als »Etwas« bezeichnete, hing auf alle Fälle mit einem Weicherwerden des Gewebes an der Beckenvorderseite, einem Heißerwerden seines linken Fußgelenks und Fußes und einem Schnellerwerden des »therapeutischen Pulses« in diesem Gelenk und Fuß zusammen. Dann verringerten sich die Erwärmung und der »therapeutische Puls«, bis ich beide nicht länger spüren konnte. Ich drücke mich so aus, weil ich nicht weiß, ob der »therapeutische Puls« ganz verschwindet oder ob er nur so schwach wird, daß er eben nicht mehr wahrnehmbar ist. Als diese Veränderungen abklangen, versuchte der Patient, seinen Rücken und das Bein zu bewegen. Und genau da erinnerte er sich an seinen gerissenen Bauchmuskel. Er sagte, sein Rücken und das Bein fühlten sich »anders« an. Ich erkundigte mich, ob er mit »anders« besser oder schlechter meine. Er zögerte ein paar Sekunden, dann sagte er, es fühle sich sehr gut an. Er stand auf und ging ein wenig umher. Als Arzt fiel es ihm schwer zuzugeben, daß sich sein Zustand bereits nach einer einstündigen Behandlung so entscheidend gebessert hatte. Ärzte scheinen zu wissen, daß so etwas unmöglich ist. Aber weshalb sollte man es nicht zugeben, wenn man sich besser fühlt? Wir sagen es nicht, weil man uns beigebracht hat, daß Veränderungen dieser Art nicht vorkommen können. Aber »sehen bedeutet glauben«.

Wir hatten - wie ich es nannte - eine Energiezyste in seinem Körper gelöst (Release). Die Vorstellung einer Energiezyste entstand, als ich mit einem anderen Physiker zusammenarbeitete. Wir untersuchten die elektrischen Veränderungen, die bei meiner Art von Behandlung im Körper stattfinden. Dies war vor einigen Jahren, als wir beide Mitglieder im Biomechanics Department an der Michigan State University waren. Dieser Physiker - Dr. Zvi Karni - wunderte sich darüber, wie ich den Körper einer verletzten Person auf eine ganz bestimmte Art plazierte und so seine seit langem bestehenden Schmerzen erleichterte. Wir begannen, während der Behandlung die Körperspannung zu messen. Wenn die Körperstellung, bei der die Schmerzen nachließen, erreicht war, fiel die gesamte Körperspannung des Patienten stark ab. Wurde diese Stellung weiter unterstützt, konnte man auch die oben erwähnte Freisetzung von Wärme und den »therapeutischen Puls« beobachten. Verschwanden diese beiden Phänomene (Erwärmung und therapeutischer Puls), stieg die gesamte Körperspannung des Patienten wieder an - aber meistens nur halb so hoch wie zuvor. Dieser drastische Spannungsabfall fand nur statt, wenn die Behandlung erfolgreich gewesen war. Hatte ich dem Patienten keine anhaltende Schmerzerleichterung verschaffen können, stieg seine Körperspannung bis zu ihrem früheren hohen Wert an. Sie ließ erst nach, wenn ich die richtige Körperposition herausgefunden hatte.

Eine weitere hilfreiche Entdeckung, die wir damals machten, bestand in folgendem Zusammenhang. Sobald der Patient die genau richtige therapeutische Lage einnahm, sank nicht nur die Gesamtkörperspannung des Patienten, sondern auch die rhythmische Aktivität seines Craniosacralen Systems stoppte abrupt und vollständig. Stimmte die Position des Patienten nicht, hörte der Rhythmus des Craniosacralen Systems nicht auf. Stoppte er aber, setzte er erst wieder ein, wenn die Wärme freigesetzt und der »therapeutische Puls« unter die wahrnehmbare Schwingung abgesunken war. Dies ist ein weiterer Grund, warum ich annehme, daß das Craniosacrale System der »Schlüssel« ist zum ganzen Wesen des Menschen. Es teilt mir mit, wann ich das Richtige mit dem Patienten tue.

Wie finden wir die korrekte Position für das körperliche Loslassen der Verletzungsenergie? Ich weiß es wirklich nicht. Ich kann beschreiben, was wir unserer Meinung nach tun, aber wir sind sehr offen für andere Ideen. Wie ich es sehe, erinnert sich das Körpergewebe an die Haltung, die der Körper innehatte, als sich der Unfall ereignete. Wenn ich meine Hände an den Körper des Patienten lege, bemühe ich mich, diesem Gewebe wortlos zu versichern, daß wir nur das tun werden, was es zuläßt. Außerdem stelle ich mir vor, daß ich dem Körper des Patienten Energie übermittle. Ich weiß, daß dies tatsächlich so ist, weil wir während der Behandlung elektrische Spannungsanstiege und Widerstandsverringerungen gemessen haben. Dann versuche ich, sehr sensitiv zu sein und der Gravitationswirkung auf den Körper entgegenzuwirken, so daß ein Spannungsausgleich zwischen antagonistischen Muskelgruppen stattfinden kann und es so ist, als befänden wir uns in einer gravitationsfreien Umgebung. Dann spüre ich dem Ausgleich nach, bis das Craniosacrale System plötzlich stoppt. So weiß ich, daß wir die geeigneten Voraussetzungen für eine Besserung geschaffen haben. Zuerst habe ich all dies intuitiv getan. Es blieb meinem Freund, dem Physiker, überlassen, wissenschaftlich zu dokumentieren, was geschah.

Nachdem wir Zeugen der beschriebenen elektrischen und physiologischen Veränderungen geworden waren, stellten wir uns die nächste Frage: »Was genau geschieht, daß sich der Patient besser fühlt?« Ich habe mit dem ersten Physiker, der mein Mitarbeiter war, viele Stunden lang darüber diskutiert. Ich studierte unter seiner Anleitung Physik, und er unter meiner Anleitung Biologie, Biomechanik und Medizin. Es war eine sehr lohnende Zeit in meinem Leben. Dieser Physiker – Dr. Zvi Karni – war es auch, der mich später nach Israel holte, wo wir unsere unvollendete Arbeit fortsetzten. Dr. Karni starb an einer Reihe von Herzanfällen, nach seiner Rückkehr nach Israel. Ich denke oft an ihn.

Doch zurück zu unserer Frage. Nach vielen anregenden Gesprächen, die manchmal freundlich und still und bei anderen Gelegenheiten leidenschaftlich und hitzig verliefen, einigten wir uns auf eine mögliche Erklärung, wie diese Behandlung funktionieren könnte. Wir entwarfen ein Modell, mit dem wir arbeiten konnten. Es erklärte die meisten der Vorgänge, die wir beobachten und erfahren konnten.

# 14 *Die Energiezyste: Ein Modell*

Die Grundidee lautet: Wenn sich ein Unfall ereignet oder wenn ich mich verletze, tritt die Energie dieses Unfalls oder dieser Verletzung in den Körper ein. Die thermodynamischen Gesetze lehren uns, daß Energie weder erschaffen noch vernichtet werden kann. Außerdem lehren sie uns, daß die natürliche Tendenz der Partikeln (Atome und Moleküle) in Richtung Unordnung geht. Diese Unordnung heißt »Entropie«. Wenn bei einem Unfall oder einer Verletzung Energie von außen in den Körper gelangt, übersteigt diese Energie den normalen Level. Die übliche Methode, einem Körper Energie zuzuführen, besteht in einem Schlag oder einem Zusammenstoß mit einem anderen Gegenstand. Wir beschlossen, diese Energie von außen die »Verletzungsenergie« zu nennen.

Gelangt diese »Verletzungsenergie« in den Körper, durchdringt sie das Gewebe bis in eine Tiefe, die von der Kraft des Zusammenstoßes versus der Gewebedichte bestimmt wird. Wir können uns diese Kraft auch als das Momentum des Schlages oder Stoßes vorstellen. Diese Kraft oder dieses Momentum wird also durch die Dichte oder Zähigkeit des Gewebes gedämpft oder neutralisiert, die zu durchdringen die Kraft oder das Momentum verursacht. Somit kann ein Schlag auf den Fuß oder Knöchel (wie es bei unserem Patienten der Fall war, der einen Flugzeugabsturz überlebt hatte) das ganze Bein bis zum Becken durchdringen. Wenn die Kraft die äußerste Tiefe ihres Eindringens erreicht hat, hält sie an und bildet an dieser Stelle einen »Ball« aus einer von außen kommenden Energie, die nicht hierher gehört. Ist der Körper vital und widerstandsfähig, kann die »Verletzungsenergie« verteilt werden, und der normale Heilungsprozeß kann einsetzen. Ist der Körper aber nicht fähig, die Energie zu verteilen, drückt er sie zu einem immer kleineren Ball zusammen, um den Bereich der unterbrochenen Gewebefunktion im Körper so stark wie möglich zu verringern. Während die »Verletzungsenergie« immer mehr zusammengedrückt und eingeschränkt wird, nimmt die Unordnung in diesem Energieball zu, und er bildet eine »Energiezyste« im Körper. Diese Energiezyste verursacht oft dort, wo sie im Gewebe sitzt, Schmerzen und eine Schwächung der Lebenskraft. Ich habe schon Energiezysten in Lungen aufgelöst und wiederkehrende Infektionen der Bronchien beendet. Einmal habe ich eine Energiezyste in der Brust eines Patienten freigesetzt, und die Folge war ein normales Elektrokardiogramm und ein Ende der Brustschmerzen (Angina). Die Energiezysten können von vielen Richtungen her und aus verschiedenen Gründen in den Körper gelangen. In die Lungen treten sie häufig über die Schulter ein. Energiezysten in der Blase bilden sich oft nach einem Sturz auf das Gesäß. Die erwähnte Energiezyste im Herzen war die Folge eines Sturzes aus großer Höhe auf die rechte Gesäßhälfte.

Wieso wissen wir, wo die Energiezyste eingetreten ist? Weil der Körper - wenn man ihn auf die beschriebene Art behandelt - die Position einnimmt, die er innehatte, als sich die Verletzung ereignete. Die Wärme tritt an der Stelle aus, wo sie damals eingetreten war. Dieser Wärmeaustritt kennzeichnet somit die Stelle des Eintritts.

Warum verlangt der Körper zum therapeutischen Auflösen der Energiezyste die genau richtige Position? Dr. Karni und ich nehmen an, daß der leichteste Austrittsweg für die »Verletzungsenergie« der Weg ist, auf dem sie eingetreten war. Der Eintrittsweg muß »gerade« sein, damit der Austritt möglich ist. Verändert der Körper nach dem Eintritt seine Position, bildet sich ein Knick im Eintrittsweg, der sofort wieder gerade gemacht werden muß, damit der Eintrittsweg wirklich zum Austrittsweg werden kann. Das ist nur möglich, wenn der Körper wieder in dieselbe Stellung, die er bei der Verletzung innehatte, gebracht wird. Das Gewebe erinnert sich an diese Position. Das hilft dem Therapeuten - wenn er sehr aufmerksam und sensibel ist -, den Körper des Patienten in die richtige Lage zu bringen.

Ich glaube auch, daß die Energie, mit der der Therapeut den Patienten versorgt (durch seine zielgerichtete Berührung, die sich in Form eines Spannungsanstiegs im Gewebe des Patienten bemerkbar macht), die Selbstheilungsmechanismen des Patienten aktivieren kann.

Wenn Sie mit diesen Techniken vertraut sind, können Sie die Energiezysten auch auflösen, ohne auf die Körperposition des Patienten als Hilfsmittel angewiesen zu sein, aber diese Methode setzt eine Menge mehr Arbeit voraus. Sie müssen Ihre eigene Energie einsetzen, um die Körperenergie des Patienten zu überwältigen, mit der die Energiezyste umgeben ist. Das ist viel weniger natürlich und setzt voraus, daß Sie es wirklich für angebracht halten, diese Abwehrmechanismen zu überwältigen. Wir müssen vorsichtig sein bei dieser Arbeitsweise. Es ist möglich, daß dabei Fehler passieren. Es ist immer besser, *mit* dem Körper des Patienten als *gegen* ihn zu arbeiten.

# 15 *Zurück zu Gewebeerinnerung und anderem*

Auf meiner ersten Vorlesungsreise in Europa leitete ich 1977 in Paris ein Seminar mit französischen Osteopathen. Der Zufall wollte es, daß der sehr bekannte französische Osteopath Jean-Pierre Barral als Demonstrationsobjekt (Patient) auf dem Behandlungstisch lag. Monique - meine Lehrassistentin - zeigte dem Osteopathen die richtige Plazierung der Hände. Es scheint, als habe er - während sie zur richtigen Plazierung der Hände seinen Kopf berührte - das Gefühl gehabt, es läge bei ihr ein Darmproblem vor, das er gern genauer bestimmen wolle. Er ließ mir diesen Eindruck durch seinen Dolmetscher mitteilen. Er betonte ausdrücklich, es sei, um das herauszufinden, nicht nötig, daß er Moniques Körper wirklich berühre oder daß sie gar die Kleider ausziehen müsse.

Ich berichtete Monique von Jean-Pierre Barrals seltsamer Bitte. Wir waren beide recht erstaunt darüber, daß dieser französische Osteopath ein Darmleiden bei ihr entdeckt haben konnte, als sie ihn berührte, und daß er außerdem das Problem klären wollte, ohne ihren Körper zu berühren und indem sie völlig bekleidet blieb. Monique war mit der Untersuchung einverstanden. Ich informierte den Dolmetscher; er versicherte mir, Jean-Pierre sei ehrlich, moralisch integer und vielleicht der erfolgreichste Osteopath in ganz Frankreich. Ich war sehr neugierig. Ich hatte am College of Osteopathy and Surgery in Kirksville, Missouri, das auf eine ehrwürdige Tradition zurückblicken konnte, graduiert. Was uns da nun vorgeführt werden sollte, war mir jedoch noch nie zuvor begegnet.

Monique wurde gebeten, sich bekleidet mit dem Rücken auf den Behandlungstisch zu legen. Jean-Pierre Barral strich mit seinen Händen in Kreisen und kurzen, schwungvollen Bewegungen über ihren Körper, immer etwa 15 bis 45 Zentimeter von ihm entfernt. Bald begann er, leise und wie zu sich selbst zu sprechen. Ein oder zwei Minuten später wandte er sich an den Dolmetscher, der uns einen sehr genauen Bericht über Moniques Krankheiten und Operationen gab. Er sprach von ihrer Blinddarmentfernung mit zwanzig, den beiden Kaiserschnitten in den späten Zwanzigern und ihrem Schilddrüsenproblem während einer der Schwangerschaften. Das Erstaunlichste war, daß er für die ganze Sache nur wenige Minuten brauchte und Monique nicht einmal berührte. Was er nicht spürte war, daß sie als etwa Elfjährige auf den Rücken gefallen war und sich einen Beckenbruch zugezogen hatte. Er wußte, daß dort etwas nicht in Ordnung war, konnte aber nicht sagen, was es war. Das Leiden, das ursprünglich seine Aufmerksamkeit erregt hatte, hing mit der unvollständigen Heilung eines der Kaiserschnitte zusammen, was sich auch tatsächlich als Ursache der Beckenschmerzen herausstellte. Fünf Jahre später bestätigte eine chirurgische Untersuchung diese Vermutung.

Nachdem er Moniques Abklärung abgeschlossen hatte, lud Jean-Pierre Barall mich ein, ihn selbst mit Hilfe meiner eigenen Methode zu untersuchen. Zu diesem Zeitpunkt lehrte ich im Seminar die Abklärung des Craniosacralen Systems am Kopf des Patienten, um Unstimmigkeiten in seinem Körper zu entdecken. Die Grundlage dieser Methode ist die Tatsache, daß sich Körperprobleme außerhalb des Craniosacralen Systems letztlich immer im Craniosacralen System widerspiegeln und von einem geübten Diagnostiker herausgefunden werden können.

Ich hielt Jean-Pierre Barrals Kopf und klärte die Beweglichkeit seiner Dura mater im Rückenmarkkanal ab. So entdeckte ich sein Magenleiden. Er war von meiner Methode ebenso beeindruckt wie ich von der seinen. Wir wurden sehr gute Freunde, und unsere Familien haben sich seit dieser ersten Begegnung in Paris fast jedes Jahr getroffen. Wir tauschen unsere Erfahrungen aus, entdecken gemeinsam ständig etwas Neues und fordern uns gegenseitig mit unseren Konzepten heraus.

Ich erzähle Ihnen diese Geschichte, weil ich glaube, daß Jean-Pierre Barral irgendwie auf die »Gewebeerinnerung« eingestimmt ist. Als ich ihm in den letzten Jahren bei der Arbeit zuschaute, wurde mir klar, daß er sich meistens nicht in die ganze Person einfühlt, sondern immer nur in einen Teilbereich des Patienten. Es sieht so aus, als würde er blind für die ganze Person und ziehe irgendwie Informationen aus dem Gewebe oder den Organen, auf die er sich konzentriert. Ich weiß, daß dies seltsam klingt, aber wenn man Jean-Pierre bei der Arbeit zuschaut, realisiert man, daß das, was er tut, ganz und gar ungewöhnlich ist. Er kommuniziert mit Geweben. Meine Intuition sagt mir, daß er die Geschichte der Krankheiten und/oder Operationen eher von einzelnen Geweben oder Organen abliest, als daß er eine wie auch immer geartete psychische oder telepathische Verbindung mit dem Geist (mind) des Patienten aufnimmt. Übrigens gibt Jean-Pierre das, was er tut, recht erfolgreich an ernsthafte Studenten weiter. Er ist inzwischen mehrere Jahre nacheinander in die Vereinigten Staaten gekommen und hat im Upledger Institute Seminare gegeben. Ich erwidere diese Gunst und gebe ebenfalls recht häufig Seminare in Frankreich über Craniosacrale Therapie und SomatoEmotional Release. Wir beide genießen es, dieses Wissen zu teilen, das uns geschenkt worden war.

# 16 SomatoEmotional Release

»SomatoEmotional Release« ist ein Begriff, den wir geprägt haben, um ein Phänomen zu beschreiben, das sehr regelmäßig auftrat, als wir immer geschickter in der Anwendung der Craniosacralen Therapie und im Lösen von Energiezysten wurden. SomatoEmotional Release bedingt - wie das Freilegen von Energiezysten und Gewebeerinnerungen - die richtige Körperposition und eine Energieübertragung zwischen Therapeut und Patient. Der Unterschied besteht in der Ganzheitlichkeit des Ansatzes und darin, daß der Therapeut keine Ahnung hat, in welche Richtung sich nun alles entwickeln wird.

Beim Auflösen von Energiezysten und Gewebeerinnerungen hat der Therapeut ein bestimmtes Problem im Kopf, das in den meisten Fällen den Beschwerden des Patienten entspricht. Dann lokalisiert der Therapeut die Energiezyste durch eine Diagnosetechnik wie die Abklärung des Craniosacralen Systems und »arcing« des ganzen Körpers. Er benutzt die Körperposition und schließt aus dem Craniosacralen Rhythmus, wo die Energiezyste freizusetzen ist. Das Ziel ist bei der Behandlung ganz klar.

Ich sollte an dieser Stelle Ihre Neugier befriedigen und Ihnen kurz mitteilen, daß »arcing« eine von uns entwickelte Methode ist, die sich die Energieaktivitäten im Körper des Patienten zunutze macht. Wir verwenden diese Energien, um die Energiezyste zu lokalisieren. Stellen Sie sich vor, Sie lassen einen Kieselstein in einen ruhigen Teich fallen. Die Wellen breiten sich von dem Punkt, an dem der Stein die Wasseroberfläche berührt hat, in Kreisen aus. Die Wellen, die durch den Stein verursacht wurden, stören die normalen Bewegungen des Wassers im Teich. Wir glauben, daß Energiezysten im Körper des Patienten ähnliche Interferenzwellen in einem ansonsten normalen Energiesee erzeugen. Craniosacrale Therapeuten entwickeln die Fähigkeit, diese durch Energiezysten hervorgebrachten Interferenzwellen zu entdecken. Wir folgen dann diesen kreisförmigen Wellen bis zu ihrem Mittelpunkt und *voilà* - dort ist sie, die Energiezyste.

Beim SomatoEmotionalen Release gehen wir ganz anders vor. Hier legen wir einfach die Hände auf den Patienten. Dann fordern wir diesen Körper wortlos auf, zu tun, was auch immer ihm zu diesem Zeitpunkt richtig erscheinen mag. Wir bieten an, Energie in den Körper des Patienten zu übertragen. Bevor Sie sich über meine »Verrücktheit« ärgern und darüber, daß ich so selbstverständlich von »Energie in den Körper des Patienten zu übertragen« spreche, müssen Sie wissen, daß wir auffallende Veränderungen in der Körperspannung des Patienten sowie Veränderungen im elektrischen Widerstand beim Therapeuten und beim Patienten gemessen haben, wenn diese Energie vom Therapeuten angeboten und vom Patienten akzeptiert wird. Wir sammeln immer mehr dokumentierte Messungen, die mit diesem Phänomen der »Energieübertragung« zusammenhängen. Wenn genügend Beweise vorliegen, werden wir sie den Wissenschaftlern unterbreiten. Wirkliche »Verrücktheit« wäre es, wenn wir unsere Ideen und die Daten, die sie stützen, zu früh präsentieren würden, dann nämlich, wenn die experimentelle Basis noch nicht solide ist.

Doch zurück zum SomatoEmotionalen Release. Wenn der Therapeut diese tröstliche und vertrauenerweckende Haltung einnimmt, ermutigt das den Patienten auf unbewußter Ebene. Wenn wir uns leitfähig für die meßbare physikalische Energie machen, von der ich früher sprach, dauert es meistens nur wenige Minuten, bis der Patient die Körperhaltung seiner Wahl einnimmt. Ich als Therapeut habe keinen spezifischen Vorschlag gemacht. Die Wahl, was während dieser Behandlung zu tun ist, trifft der Patient. Ich bemühe mich nur, ihn wissen zu lassen, daß ich der Weisheit seiner Wahl folgen und sie fördern und unterstützen werde, so gut ich kann.

Sobald der SomatoEmotionale Release beginnt, stellt das Craniosacrale System seine Aktivitäten ein - wie es auch beim Release der Energiezyste der Fall war. Der Prozeß des SomatoEmotionalen Release ist aber noch umfassender. Die gewählte Körperposition erlaubt ein allgemeines Loslassen gespeicherter Emotionen. Diese Befreiung scheint von den Körpergeweben auszugehen. Sie wird meistens durch das Nervensystem, den Stimmapparat und dergleichen ausgedrückt. Es kann zum Weinen, Zittern, Schwitzen, Lachen und zu Schmerzen kommen ... zu fast allem, was man sich nur vorstellen kann. Es hängt davon ab, womit der Patient während dieser Sitzung zu arbeiten bereit ist, unbewußt natürlich. Ich vermute sehr stark, daß es in ihm eine innere Weisheit gibt, die sich nach den Fähigkeiten des Therapeuten richtet. Deshalb hängt der Verlauf der Sitzung von den Bedürfnissen des Patienten ab, aber auch von der Fähigkeit und Hingabe des Therapeuten. Ich habe bei fast jeder SomatoEmotionalen Release-Behandlung das Gefühl, daß mich die Patienten in bezug auf meine Kapazität, Aufrichtigkeit und Motivation prüfen. Und bisher hat es im Verlauf meiner beruflichen Tätigkeit Tausende solcher Sitzungen gegeben.

Ein wirksamer SomatoEmotional Release verändert das Leben der Menschen völlig. Es ist, als böte ihnen diese Behandlung eine Chance, objektiv zu sehen, was sie mit ihrem Leben anfangen und wie sie es zum Besseren ändern können. Er ruft ihnen Erlebnisse, Traumata, Unfälle und dergleichen in Erinnerung, die sie jahrelang unter ihre Bewußtseinsschwelle verdrängt haben. Wenn diese verdrängten Erfahrungen erst einmal an die Oberfläche kommen, kann man sich mit ihnen auseinandersetzen. Bleiben die Probleme unterdrückt, können sie Schwierigkeiten verursachen – aber Sie wissen nicht, welche Ursache diese Schwierigkeiten, welche Gründe die Symptome haben.

Als Beispiel für die Kraft des SomatoEmotional Release will ich Ihnen eine Geschichte erzählen, die sich vor über zehn Jahren ereignet hat. Es war insofern ein höchst unwahrscheinliches Ereignis, als der »Patient« ein Psychiater war. Er meldete sich freiwillig aus einer Zuhörerschaft von über 200 in Heilberufen tätigen Praktikern. Ich wollte die Techniken zur Einleitung des SomatoEmotional Release vorführen und brauchte einen »Patienten«. Es war ein ziemlich großes Auditorium. Zu Beginn stand er neben dem Behandlungstisch auf einem Podium. Ich kniete vor ihm auf einem Knie und legte einfach die Hände auf seine Hüften. Dies ist eine unserer Ausgangspositionen. Er begann fast sofort, nach rechts zu schwanken. Ich fing ihn auf und half ihm sachte zu Boden, indem ich ihn mit meinem Körper abstützte. Er begann zu schreien und laut zu fluchen. Ich hielt nur den Kontakt mit seiner linken Hand und dem Handgelenk aufrecht, um seinen Prozeß in Gang zu halten. Er setze diese Vorstellung, die nicht unbedingt etwas für keusche Ohren war, etwa 25 Minuten lang fort. Sein Körper zuckte und zappelte wie ein Fisch auf dem Trockenen. Er versuchte nicht, sein linkes Handgelenk aus meinem Griff zu befreien. Allmählich wurde seine Stimme höher und sein Schreien und Fluchen erinnerte immer mehr an ein Kind. Schließlich weinte er wie ein Kind, während er ruhig auf dem Boden lag. Seine Knie waren an die Brust gezogen. Ich hielt immer noch sein linkes Handgelenk fest. Nachdem er rund fünf Minuten lang auf diese kindliche Art geweint hatte, entspannte sich sein Körper plötzlich, und er kam ins Hier und Jetzt zurück. Er warf einen Blick auf all seine Freunde und Mitstudenten, die Zeuge dieser Demonstration gewesen waren. Er schien ein wenig verwirrt.

Ich fragte ihn, ob er sich auf den Behandlungstisch legen und mir erlauben wolle, ein paar Entspannungstechniken der Craniosacralen Therapie anzuwenden, um die Sitzung ausgeglichen zu beenden. Er war einverstanden. Während ich an seinem Kopf arbeitete, fragte ich ihn, ob er wisse, was geschehen war. Er bejahte es. Er teilte uns allen (mehr als 200 Personen) mit, daß er über zehn Jahre lang psychiatrischer Patient gewesen war. Danach hatte er mehr als 13 Jahre selber als Psychiater praktiziert. Etwa drei Jahre lang war er in seinem analytischen Prozeß steckengeblieben, und in dieser blockierten Zeit war er ständig sehr zornig auf seinen Vater gewesen, ohne bis dato den Grund für seinen Zorn herauszufinden. Während dieser Demonstration hatte er eine Zeit in Washington, D.C., wiedererlebt, wo sein Vater in der Regierung tätig gewesen war. Er lag in einem Kinderwagen. An einem schönen Sonntagmorgen hatte ihn sein Vater mit auf einen Spaziergang genommen. Er fühlte die Sonne warm auf sich herabscheinen und lag glücklich und zufrieden in seinem Wagen. Die Welt war in Ordnung. Sein Vater war bei ihm, und er schenkte dem Baby seine ganze Aufmerksamkeit.

Dann blieb sein Vater stehen, um mit einem Bekannten, dem sie zufällig begegneten, zu plaudern. Die Unterhaltung zog sich länger und länger hin. Der Einjährige, der eines Tages Psychiater werden sollte, war nicht länger Mittelpunkt des Geschehens. Er begann, sich vernachlässigt zu fühlen. Immerhin war es *seine* Zeit mit *seinem* Vater. Jemand stahl sie ihm. Daß jemand ihm die Aufmerksamkeit seines Vaters so leicht stehlen konnte, war eine sehr schmerzliche Erkenntnis. Er fing an, »Baby«-Geräusche zu machen. Daddy beachtete sie nicht. Er war inzwischen in ein tiefes Gespräch verwickelt. Baby war frustriert, weil Daddy einfach immer weiter redete und seinen Babygeräuschen und Gesten keine Aufmerksamkeit schenkte. Die Frustration führte zum Zorn. Baby begann wütend zu weinen. Sein Vater griff in den Kinderwagen, packte Babys Handgelenk und sagte: »Wenn du jetzt keine Ruhe gibst, breche ich dir deinen verdammten Arm.« Keine sehr diplomatische Äußerung – aber so etwas kommt vor.

Hier und jetzt konnte der Mann, der sich freiwillig für die Demonstration gemeldet hatte, verstehen, daß sein Vater in ein sehr wichtiges und vielleicht intensives Gespräch verwickelt worden war, das er beenden wollte. Das Baby bemühte sich mehr und mehr um Aufmerksamkeit. Endlich verlor der Vater die Geduld, packte seinen Sohn am Handgelenk und äußerte die Drohung, ihm den Arm zu brechen, wenn er nicht schweigen würde. Im Zusammenhang betrachtet schien diese Drohung gar nicht so schlimm. Dieser Patient wußte, daß sein Vater ihn niemals körperlich oder vorsätzlich emotional mißhandelt hatte, also konnte der Psychiater leichter die Vorstellung akzeptieren, daß sein Vater damals einfach die Geduld verloren hatte. Es stimmte, daß Wort und Tat recht grob für einen Einjährigen gewesen waren, aber sein Vater war eben nicht vollkommen, und zudem war er auch nicht extrem gewalttätig. Er war ein ganz gewöhnlicher Sterblicher. Der Psychiater konnte das jetzt, nachdem er die Zusammenhänge so klar sah, akzeptieren.

Die Erinnerung an diesen Zwischenfall war vom Bewußtsein des Patienten unterdrückt worden. Sie war in seinem linken Handgelenk gespeichert. Als ich einen entsprechenden Kontakt zwischen meiner Hand und seinem Handgelenk herstellte, wurde die Erinnerung an das Erlebnis frei. Nun konnte der Patient den Punkt klären, der seit dem Zeitpunkt des Vorfalls einen ständigen Zorn auf seinen Vater hervorgebracht hatte. Meiner Meinung nach hatten die Jahre der Psychotherapie den Zorn als chronisch präsent identifiziert, und es war klar: Die Wut richtete sich gegen den Vater. Aber die Ursache war in dieser ganzen Zeit nie geklärt worden. Eine 40- bis 50minütige SomatoEmotional Release-Demonstration vor über 200 Kollegen klärte und löste den Rest des Problems.

Etwa drei Monate später erhielt ich einen Dankesbrief von diesem Mann, in dem er schrieb, seine Gefühle dem Vater gegenüber hätten sich deutlich gebessert.

Eine weitere Illustration der Stärke des SomatoEmotional Release fand 1979 in Paris statt. Ich hielt eine Vorlesung vor über 300 skeptischen und wenig wohlwollenden französischen Psychotherapeuten. Nachdem ich ausführlich über den SomatoEmotional Release-Prozeß gesprochen hatte, verlangten sie eine Demonstration. Schließlich erklärte ich mich einverstanden, aber eigentlich gegen meinen Willen.

Sofort kam ein ziemlich muskulöser Franzose mittleren Alters, der ganz nach Macho aussah, zu mir ans Podium. Es war klar: Er wollte das Demonstrationsmodell sein. Der Dolmetscher, ein Freund von mir, gab mir zu verstehen, daß dieser Mann der sehr sprachgewandte Leader dieser skeptischen Zuhörer sei, die dies alles für totalen Unsinn hielten. Ich war in einer ziemlich kniffligen Situation. Ich sprach über heikle Konzepte vor unwilligen, abweisenden Zuhörern. Und jetzt hatte ich diesen starken Macho vor mir, an dem ich den SomatoEmotional Release demonstrieren sollte, ausgerechnet an ihm, der lautstark verkündete, daß gar nichts passieren würde.

Ein Behandlungstisch war nicht vorhanden, weil ich nicht vorgesehen hatte, irgend etwas zu demonstrieren. Es sollte eine rein didaktische Vorlesung werden. Wir sagten »bonjour« - und damit war mein französischer Wortschatz auch schon zur Hälfte ausgeschöpft. Er starrte mich trotzig an, und sein Blick sagte deutlich, daß ich nicht einmal im Traum denken solle, der SomatoEmotional Release würde ihn auch nur im geringsten berühren. Ich legte meine Hände vorn auf seine Beckenknochen. (Für Anatomen: Ich berührte die Darmbeinkämme und die vorderen oberen Darmbeinstachel.) Ich ließ mich auf ein Knie nieder, so als wolle ich seinen Beckenstand prüfen. Ich betete leise um Erfolg und stärkte innerlich mein Vertrauen in den SomatoEmotional Release-Prozeß. Ich ließ Energie in ihn fließen - diese universale Energieform, die einem jederzeit und für alles, was der Patient im Augenblick braucht, zur Verfügung steht.

Es ist ein wenig schwierig, ein sicheres Zeitgefühl zu haben, weil einem in dieser Situation eine Minute wie eine Stunde vorkommt. Aber ich würde meinen, daß dieser trotzige Franzose innerhalb von 30 Sekunden nach vorn über meine Schulter fiel, so als müßte ich ihn irgendwohin tragen. Ich folgte meinem intuitiven Gespür dafür, was dieser Körper tun wollte, und ließ ihn auf den Boden vor dem Auditorium gleiten. Als er lag, nahm er die »fötale« Position ein. Er zog die Knie an die Brust und steckte seinen Daumen in den Mund. Er weinte oder wimmerte herzerweichend, als wäre er ein untröstlich trauriges Baby, und ich ließ es einfach zu. Er schien sich der Zuschauer und seiner Kollegen bewußt zu sein, aber es kümmerte ihn nicht. So ist es eben bei einem SomatoEmotional Release. Sein prahlerischer Macho-Stolz muß sehr geschrumpft sein in diesem Augenblick.

Nach etwa 15 Minuten, in denen er jämmerlich gewimmert und geweint hatte, hörte er abrupt auf. Sein Körper entspannte sich. Er nahm meine Gegenwart wahr und begann, auf französisch mit dem Dolmetscher über seine Erfahrung zu reden. Er realisierte in diesem Moment, daß er sich als Baby von seiner Mutter verlassen gefühlt hatte. Sein älterer Bruder war bei einem Fahrradunfall verletzt worden. Seine Mutter hatte dann plötzlich ihre ganze Aufmerksamkeit von ihm weg und auf seinen Bruder gerichtet, der jetzt verkrüppelt war. Als er nun die Zusammenhänge der ganzen Geschichte begriff, konnte er ihr vergeben, und sein Selbstmitleid hörte auf. Ich habe diesen Mann nie wiedergesehen, aber ich vermute, daß er nach dieser SomatoEmotionalen Erfahrung kein so großer Macho mehr war, weil sich in dieser Haltung wohl eine Überkompensierung seiner Gefühle als

Baby ausdrückte, verlassen und ungeliebt zu sein. Ein Baby begreift eben nicht, weshalb die Liebe und Aufmerksamkeit, die es normalerweise erhält, plötzlich drastisch verringert werden. Es muß sich deshalb vor weiteren Verletzungen schützen. Viele Menschen tun dies, indem sie hart werden.

Diese Demonstration stärkte meinen Glauben an den SomatoEmotionalen Release noch mehr. Ich wußte jetzt, daß jemand dort oben über mir wachte. Seit diesem Tag bin ich in Frankreich freundlich behandelt und bereitwillig als Lehrer und Dozent akzeptiert worden. Dieser Mann, den ich behandelt hatte, besaß bei den französischen Physiotherapeuten großen Einfluß.

Warum wagten es die beiden prominenten Fachleute, vor 200 bis 300 ihrer Kollegen in einen so tiefen Prozeß einzutauchen und sich dabei lächerlich zu machen? Ich weiß es nicht. Ich kann Ihnen nur versichern, daß so etwas immer und immer wieder vorkam. Ich mache drei oder vier Demonstrationen in jedem SomatoEmotional Release-Seminar mit jedesmal etwa 40 oder 50 Studenten, und ich habe in den letzten fünf Jahren rund zehn dieser Seminare jährlich abgehalten; vorher etwa fünf pro Jahr, also sind es insgesamt rund 75 Seminare mit jeweils mindestens drei Demonstrationen. Damit komme ich, vorsichtig geschätzt, auf 225 Demonstrationen vor Klassen, die aus 40 oder 50 Studenten bestehen. Zudem gab es noch mindestens weitere 50 Demonstrationen bei Vorlesungen mit mehr Publikum, oft in anderen Ländern. Vielleicht mache ich mir etwas vor, aber mir fällt keine einzige Demonstration ein, bei der nichts geschehen wäre. Ich erinnere mich an einige Fälle, bei denen vieles ungeklärt blieb. Bitte denken Sie daran, daß weder ich selbst noch der Patient die geringste Ahnung haben, was geschehen wird, wenn wir anfangen. Ich habe Vertrauen in den SomatoEmotional Release - und das mit gutem Grund.

Ich glaube, daß wir alle mit einer Art »Zensor« in uns

leben, der fürsorglich gewisse Erinnerungen und Erlebnisse aus unserem Tagesbewußtsein verbannt. Die Absichten dieses »Zensors« sind gut. Er will uns beschützen. Aber es hat seinen Preis, all dies unter der Oberfläche zu halten, und dies äußert sich dann in Form von Schmerzen, Behinderung, Unglücklichsein, chronischem Zorn, Reizbarkeit, Mangel an Selbstvertrauen und so weiter.

Der »Zensor« hält die Kosten für die Unterdrückung dieser Erinnerungen und Erlebnisse für vertretbar. In uns sitzt noch ein weiterer Teil von uns selbst, den ich vorläufig den »efficiency expert« (Experte in Sachen Leistungsfähigkeit) nennen werde. Er träumt davon, wie das Leben wäre, wenn all die »zensurierten« Erinnerungen und Erlebnisse an die Oberfläche gebracht, angeschaut und verarbeitet werden könnten. Der SomatoEmotional Release ermutigt den Körper, dem »efficiency expert« zu helfen. Wenn wir Therapeuten uns mit dem »efficiency expert« (der den Patienten von den Problemen befreien möchte, die unterhalb der Bewußtseinsschwelle verborgen und/oder in Geweben und Energiezysten als Erinnerungen und Gefühle gespeichert sind) verbünden, entspannt sich der »Zensor«, und die Behandlung wirkt positiv. Ich meine, unsere Energie und unsere Gegenwart unterstützen jenen Teil des Patienten, der die Probleme lieber vollständig beheben möchte, als sich Tag für Tag mit ihnen auseinanderzusetzen.

Ich habe Ihnen eine Reihe recht aufsehenerregender SomatoEmotionaler Release-Erfahrungen beschrieben. Jetzt würde ich Ihnen gern erzählen, wie dieser Prozeß in der täglichen Praxis bei Patienten abläuft, die in die Klinik kommen.

Ich muß an eine junge Dame denken, die ein recht bekannter Psychiater an mich überwies, weil er ihr nicht helfen konnte. Sie war eine qualifizierte Tennisspielerin, die an einem »Tennisarm« litt, und zwar so sehr, daß sie nicht mehr spielen konnte. Der Arzt, der sie überwies, hatte bei ihr jede erdenkliche Behandlungsmethode ausprobiert, aber ohne befriedigende Ergebnisse. Er erzielte eine gewisse Linderung, was ihr aber nicht erlaubte, zu ihrem geliebten Sport zurückzukehren. (Vielleicht liebte sie ihn wirklich. Wir werden sehen.)

Bei unserem ersten Termin (sie sollte eine Woche lang hierbleiben und in dieser Zeit viermal zu mir kommen) sah ich einen Zusammenhang zwischen ihrem rechten Ellbogen und dem Becken. Ich sagte es ihr; sie verteidigte sich jedoch heftig und stritt ab, irgendwelche Probleme mit ihrem Becken zu haben. Ich widersprach ihr nicht, wenigstens nicht laut, weil ein feindliches Verhältnis zwischen Patient und Therapeut in der Regel nicht zur Heilung beiträgt - es sei denn, man setze die feindliche Situation ein, um dem Patienten zu helfen, Zorn oder dergleichen auszureagieren. Ich wollte zu diesem Zeitpunkt nicht ihr Feind sein, also gestattete ich ihr, mein Schweigen als Zustimmung zu deuten, daß ihr Becken sehr wahrscheinlich nichts mit dem Tennisarm zu tun hatte.

Am zweiten Tag bat ich sie, sich mit dem Rücken zu mir hinzustellen, damit ich ihre »Beinlänge« checken könne. Sie war einverstanden, aber erst als ich ihr versichert hatte, daß ich mit der »Basis« ebenso arbeiten müsse wie mit dem Ellbogen, was ihren Verteidigungsmechanismen (»Zensor«) erlaubte, sich zu entspannen. Ich bin sicher, ihr »efficiency expert« wußte ebenfalls, daß die Chance bestand, ein verdrängtes Problem an die Oberfläche zu holen, es zu verbalisieren und vielleicht zu lösen. Ich bemühe mich stets, den »efficiency expert« durch die Art, wie ich den Patienten berühre, durch mein Verhalten und durch meine unausgesprochene Absicht wissen zu lassen, daß ich ein Freund bin.

Als ich meine Hände über ihr Becken und den unteren Rücken legte, spürte ich, daß sie begann, sich langsam nach vorn zu neigen. Ich stieß sie nicht, sondern berührte sie nur. Ich fühlte, wie sie sich unwillkürlich wehrte, aufs Gesicht zu fallen. Ich bat sie darum, sich vorzubeugen, was ihrem Körper zu gefallen schien. Dann forderte ich sie auf, ihre Hände auf den Boden zu legen, so daß sie richtig »auf allen vieren« stand. Auch dies schien ihr Körper zu mögen. Als ich sie bat, sich auf Hände und Knie niederzulassen, stoppte ihr Craniosacrales System, und zwar so lange, wie sie in dieser Stellung blieb. Ich hatte das starke intuitive Bedürfnis, meine rechte Hand über den Knochen der rechten Seite ihres Beckens zu legen, den Knochen, auf dem wir sitzen: das Gesäßbein. Sobald ich ihn berührte, begann die junge Frau zu weinen und zu schluchzen und sank dann mit dem Gesicht voran auf den Boden. Ich ließ ihr rechtes Gesäßbein nicht los. Sie weinte 15 oder 20 Minuten lang. Schließlich entspannte sich ihr Körper, und ihr Craniosacrales System nahm seinen Rhythmus wieder auf. Sie schaute über die Schulter zurück, lächelte mich durch tränennasse Augen an und fragte mich, ob sie aufstehen dürfe.

Ich bat sie, sich auf den Behandlungstisch zu legen und wandte ein paar sanfte, entspannende Craniosacrale Therapietechniken an, die das Vertrauen und die Freundschaft mir gegenüber wiederherstellen sollten. Dann sagte ich, daß ich dazu da sei, ihr zuzuhören, falls sie über etwas sprechen wolle.

Sie erzählte folgende Geschichte: Etwa drei Jahre, bevor ihr Tennisarm sie am Spielen hinderte, hatte sie an einem nationalen Turnier teilgenommen und gewonnen, aber für ihren Trainer war ihr Spiel nicht gut genug gewesen. Sie hatten spät in der Nacht, als niemand mehr dort war, eine Auseinandersetzung auf dem Tennisplatz. Er schrie und beschimpfte sie heftig. Sie erinnerte sich genau an seine Worte (oder schien sich zu erinnern) und hörte sie auch. Sie wandte sich von ihm ab und ging dem Ausgang zu. Er kam hinter ihr her und stieß sie so heftig in den Rücken, daß sie auf die Hände und Knie fiel. Dann trat er sie so fest in die rechte Gesäßseite, daß sie einen Knochenriß im rechten Gesäßbein davontrug.

Der Arzt bezeichnete den Knochenriß als »Streß«-Fraktur. Sie setzte etwa ein Jahr lang mit ihrem intensiven Training und den Wettkämpfen aus. Als ihr Trainer darauf drängte, daß sie ihr Training wiederaufnehmen und sich an den größeren Matchs beteiligen sollte, entwickelte sie ihren »Tennisarm«, der immer schlimmer wurde. Bis zum heutigen Tag hatte sie ehrlich geglaubt, daß der Tennisarm ein Problem für sich war und nichts mit dieser ganzen Geschichte zu tun hatte. Jetzt wußte sie, daß dieser Arm sie von allen Wettkämpfen abhalten sollte. Sie wollte nicht noch einmal in eine ähnliche Situation geraten - eine Situation, die darin gipfelte, daß ihr Trainer so wütend auf sie würde, daß er sie anschrie, beschimpfte, zu Boden stieß und trat. Das würde sie nicht noch einmal aushalten. Der Trainer war ihr Vater, der nie ein Champion gewesen war und dieses Gefühl von Freude und Enttäuschung nun über seine Tochter auszuleben versuchte. Von jetzt an würde sie ihr eigenes Leben leben.

Der SomatoEmotional Release verhalf ihr in weniger als einer Stunde zu all diesen Erkenntnissen und Einsichten. Sie gab den Tennissport auf, weil sie merkte, daß sie ihn gar nicht so sehr mochte. Es war ihr Vater, der davon besessen war, ein Champion zu sein, nicht sie. Während der nächsten zwei Sitzungen befreiten wir eine Menge Gewebeerinnerungen und Energiezysten. Wir sprachen viel darüber, daß sie ihr eigenes Leben leben und dem Vater ihre Unabhängigkeit erklären würde. Wir sprachen auch viel über seine Probleme, und sie entwickelte eine Art Mitgefühl und Mitleid mit ihm. Zorn und Haß, die während unserer Arbeit hochgekommen waren, wichen freundlicheren Gefühlen ihm gegenüber. Alles in allem war es für sie und für mich eine ausgezeichnete Erfahrung therapeutischer Selbstfindung. Ihr »efficiency expert« muß sehr glücklich gewesen sein, weil dies alles in vier Sitzungen von jeweils etwa 45 Minuten Dauer stattfand.

Einen weiteren wunderbaren Erfolg des SomatoEmotional

Release hatte ich bei einer jungen Dame, die in einen ziemlich schweren Autounfall verwickelt gewesen war. Sie war nicht eigentlich verkrüppelt, litt aber in den acht Monaten nach dem Unfall unter ständigen Schmerzen. Sie hatte drei Rippen und das Becken gebrochen, und ihre Halswirbelsäule war durch einen Ruck des Kopfes in Mitleidenschaft gezogen worden. Alle ihre Frakturen waren verheilt, aber sie litt unter starken Kopfschmerzen, die fast täglich auftraten und nur gelindert werden konnten, wenn sie abends einige Drinks nahm. Die Kopfschmerzen stellten sich im Lauf des Tages ein, während sie ihren Haus- und Gartenarbeiten nachging. Ihr Nacken und der Rücken im unteren Rippenbereich schmerzten ständig. Beim Autounfall hatte ihr älterer Bruder den Wagen gefahren. Sie war unverheiratet und niemals schwanger gewesen. Aber sie machte keinen Hehl daraus, daß sie oft einen »Liebhaber« hatte. Sie schien beinahe stolz darauf zu sein.

Ich traf mich einige Male mit der jungen Dame und gab mir große Mühe, eine anatomische Ursache in ihren Knochen, Muskeln und Bändern zu finden, die die Intensität der andauernden Schmerzen und der täglich wiederkehrenden Kopfschmerzen erklärt hätte. Ich fand ein paar Dinge, die wir korrigierten, es trat eine leichte Besserung ein, mehr aber nicht. Ich löste die Stauungen in ihrem Craniosacralen System. Das half sehr bei ihren Nacken- und Kopfschmerzen, aber die Schmerzen im mittleren Rückenbereich blieben unverändert. Ich brachte sie mehrmals in eine sitzende Haltung und versuchte, einen SomatoEmotional Release einzuleiten, aber ohne Erfolg. Sie saß nur verkrampft da und klagte über ihre heftigen Schmerzen. Ich redete mir Woche für Woche zu, dem Prozeß zu vertrauen (ich sah sie einmal pro Woche). Ich habe jetzt gelernt, daß es in solchen Fällen wirkungsvoller ist, den Patienten an mehreren aufeinanderfolgenden Tagen zu sehen. Scheinbar verhindern mehrere Sitzungen nacheinander, daß sich die Verteidigungsmechanismen neu aufbauen können.

Wie auch immer - in der zehnten Sitzung bat ich sie, sich mit dem Rücken zu mir auf den Behandlungstisch zu setzen. Ich legte eine Hand auf den schmerzenden Bereich ihres Rückens und die andere auf den Kopf. Ich achtete sorgfältig auf sehr feine Bewegungen in ihrer Wirbelsäule und betete gleichzeitig für ein Freiwerden in Richtung eines Somato-Emotional Release. Mein Wunsch wurde erfüllt. Plötzlich begann sie, sehr stark mit dem Rücken gegen meine Hand zu drücken. Wir reagieren auf einen solchen Druck des Patienten mit einem gleich starken Widerstand, was ich auch machte. Je stärker sie drückte, desto fester hielt ich entgegen, so daß sie sich nicht zurückbeugen konnte.

Ich bemerkte, wie sich meine Hand allmählich zur Faust ballte. Sie drückte jetzt gegen meine Faust, schrie dann und beschimpfte jemanden, den ich offensichtlich für sie darstellte. Sie forderte ihn auf, seine Nase nicht in ihre Angelegenheiten zu stecken und nannte ihn einen Hurensohn. Eine Weile geschah nichts, außer daß ich sie ermutigte, fortzufahren. Nach ein paar Minuten sank sie vornüber und rief aus: »Heilige Sch ...!« Ich fragte sie, was los sei.

Sie erklärte, sie habe mit dreizehn Sex mit einem ungefähr zwanzigjährigen Mann gehabt. Sie tat dies aus Trotz zu ihrer Mutter, die Alkoholikerin war. Eines Abends kam sie zu spät nach Hause, und ihre Mutter hatte die Tür verschlossen, so daß sie (die Patientin) die ganze Nacht über ausgesperrt war. Sie fuhr eine Weile mit dem Fahrrad durch die Gegend und traf einen Mann, der sie ansprach. Er lud sie in seine Wohnung ein, und sie hatte ihre erste sexuelle Erfahrung. Ein paar Tage später war sie mit ihrem Bruder allein und erzählte ihm, was vorgefallen war. Er spielte sich sofort als ihr Beschützer auf und wurde sehr wütend. Sie stritten. Er schlug mit der rechten Faust mitten auf ihren Rücken, und es war genau die Stelle, die sie gegen meine Faust gedrückt hatte. Mein Widerstand befähigte sie, die Energie des Schlages von ihrem Bruder und die Energie des Autounfalls, bei dem sie ihre Rippen gebrochen hatte, freizugeben - beides zur gleichen Zeit.

Ich glaube, wenn ihr Bruder sie nicht zuerst in den Rücken geboxt hätte, wären ihre Rippenbrüche und die übrigen Unfallverletzungen verheilt, ohne später zu schmerzen. Aber es mußte noch etwas aus diesen Geweben befreit werden. Als der Release stattfand, tauchte die Erinnerung an den Schlag ihres Bruders und wie sie darauf reagiert hatte, wieder auf. Ihr wurde bewußt, daß sie seit jenem Vorfall Sex mit einer Reihe von Männern gehabt hatte, nur um ihrem Bruder zu beweisen, daß er nicht ihr »Boß« war. Diese Männer waren immer mindestens zehn Jahre älter gewesen als sie. Der »Zufall«, daß ihr Bruder den Wagen fuhr, als sich der Unfall ereignete, ermöglichte ihrem Unterbewußten, ihre früheren (und verleugneten) Gefühle ihm gegenüber mit dem Unfall in Verbindung zu bringen. Sie benutzte dann - ebenfalls unbewußt - diese Gelegenheit, ihre Schmerzen zu behalten, bis sie in der Therapie zu erkennen vermochte, wie sie ihre Sexualität nur dazu benutzte, ihrem Bruder zu trotzen, statt ihre eigenen sexuellen Neigungen und Bedürfnisse in einer liebevollen Beziehung auszuleben.

Nach dieser Sitzung, die den SomatoEmotional Release gebracht hatte, änderte sich ihr ganzes Leben. Einen Monat später waren ihre Schmerzen fast verschwunden. Es mußte zwar noch einiges im Craniosacralen System befreit werden, um die Restfolgen des Unfalls sowohl auf physischer als auch auf emotionaler Ebene zu beseitigen, aber alles in allem ging es ihr sehr gut.

Es sollte inzwischen ziemlich klar geworden sein, daß Craniosacral Therapie zu therapeutischer Arbeit mit »Gewebeerinnerungen«, dem Entdecken und Lösen von Energiezysten und dem SomatoEmotional Release führt. Daraus ergab sich dann folgerichtig das Modell einer Integration von Imagination und Dialog als Therapie. Ich glaube, Sie werden sehr leicht erkennen, welch wertvolle Hilfe diese Arbeit geworden ist und wie gut sie zur Craniosacralen Therapie, zum SomatoEmotional Release und was sonst noch dazugehört, paßt. Aber zuerst möchte ich noch einiges über den Nutzen der »Energielenkung« und über die Kraft von Berührung und Intention sagen.

# 17 Die Anwendung heilender Energie

Man kann über dieses Thema kaum sprechen, ohne seine Glaubwürdigkeit zu gefährden. Es ist einfach schwer zu glauben. Ich hörte zuerst von »Energielenkung« in Form einer Technik namens »V-Spreading« (V-Spreizung), die William G. Sutherland - ein Osteopath aus der ersten Hälfte dieses Jahrhunderts - beschrieb. Er hatte festgestellt, daß Schädelknochen sich bewegen können. Er konnte seine Entdeckung der modernen Wissenschaft nicht zufriedenstellend beweisen, aber er wurde der Begründer der Cranialen Osteopathie. Sutherland entwarf Diagnose- und Behandlungsmethoden an den Verbindungsstellen (Nähten) der Schädelknochen, die aus dem einen oder anderen Grund verklebt waren. Sein Interesse galt hauptsächlich den Knochen, während wir in der Craniosacralen Therapie die Schädelknochen als Hebel benutzen, um zum darunterliegenden Dura-mater-System und der Hydraulik des Craniosacralen Systems zu gelangen. Dr. Sutherland benutzte seine Hände, um Energie von einer Seite des Schädels zur andern durch eine verklebte Naht (Verbindung zwischen zwei Schädelknochen) hindurchzusenden. Er glaubte, daß diese Energie, die er schickte, irgendwie aus der zerebrospinalen Flüssigkeit des Patienten bezogen und durch die Positionen seiner Hände in die Schädelnaht gelenkt wurde. Die erstarrte Naht wurde durch diese Energie mobilisiert, und die Beweglichkeit des Schädels war wiederhergestellt.

Wir haben festgestellt, daß wir keine zerebrospinale Flüssigkeit unter den Händen haben müssen, um eine »heilende Energie« zu lenken oder auf eine bestimmte Stelle zu konzentrieren. Wir haben auch gesehen, daß diese Energielenkung überall im oder auf dem Körper wirksam eingesetzt werden kann. Wir haben Müttern beigebracht, sie bei ihren Kindern anzuwenden. Wir haben Eltern, guten Freunden und sogar Menschen, die einander fremd waren, beigebracht, sie sich gegenseitig zufließen zu lassen.

Worin besteht diese Energie? Ich weiß es nicht. Ich weiß, daß sie - wenn sie fließt - die Instrumente zum Ausschlag bringt, mit denen wir elektrische Ströme messen. Ich weiß, daß - wenn sie fließt - die oben erwähnte Wärmefreisetzung stattfindet und der oben erwähnte »therapeutische Puls« ansteigt und sich wieder normalisiert. Ich weiß, daß, während sie fließt, das Craniosacrale System zu einem Stillstand kommt. Worin besteht diese Energie? Ich weiß es nicht, aber sie wirkt.

Eines der besten Beispiele ist ein Erlebnis, das ich vor einigen Jahren hatte, als ich an der Michigan State University lehrte. Es war an einem Samstagmorgen im Spätsommer. Ich beschnitt ein paar Büsche in unserem ziemlich wilden Garten. Als ich einen Zweig stutzte, schnellte ein anderer hoch und traf mich ins linke Auge. Dann sah ich gar nichts mehr mit diesem Auge. Der Schmerz wurde innerhalb weniger Sekunden unerträglich. Ich bemühte mich verzweifelt, etwas mit dem Auge zu sehen, aber ich sah nur Licht und verschwommene Schemen. Ich befürchtete, auf diesem Auge zu erblinden, es vielleicht zu verlieren, eine Hornhauttransplantation machen zu müssen und dergleichen. Ich unterdrückte die aufkommende Panik, ging ins Haus zurück und bat Dianne, meine Frau, sich das Auge anzuschauen und mir zu sagen, was sie sah. Sie beschrieb eine Kerbe auf der Pupille, die vermutlich vom Schlag des Zweiges kam. Ich wollte nicht auf die Unfallstation, weil ich da schon selbst gearbeitet hatte und mich jetzt nicht dem üblichen Gesundheitssystem ausliefern wollte. Mein Zögern hatte wohl mit der Angst vor einer Diagnose zu tun.

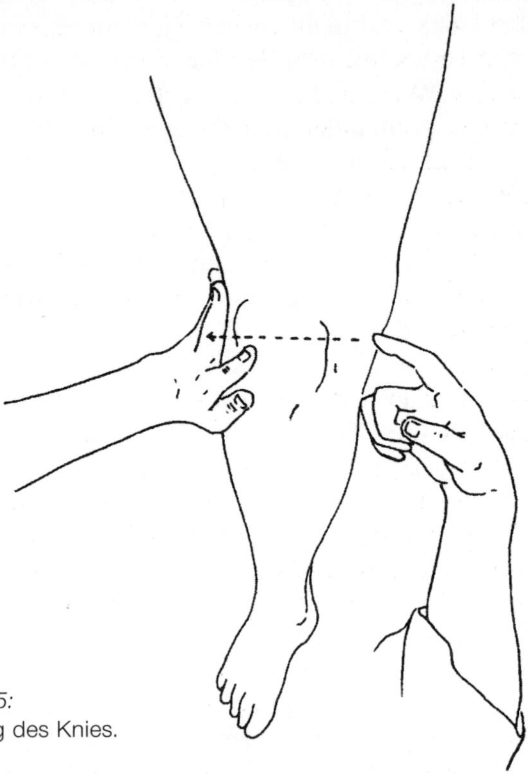

*Abbildung 5:*
V-Spreizung des Knies.

Ich ging ins Schlafzimmer und legte mich aufs Bett, um über meine Lage nachzudenken. Ich bat Dianne, mich eine Weile alleinzulassen. Ich kann mir vorstellen, was meine arme Frau im Wohnzimmer durchgemacht hat, während sie wartete. Nachdem ich etwa eine Minute ruhig auf dem Bett gelegen, die Schmerzen gespürt und bemerkt hatte, daß sich die Sehfähigkeit meines linken Auges nicht besserte, sagte ich zu mir selber: »In Ordnung, Upledger, du dämlicher Kerl, da lehrst du ständig dieses Energielenkungszeug. Glaubst du vielleicht nicht an das, was du lehrst? Praktizierst du etwa nicht, was du predigst?« Meine Zweifel an meiner eigenen Doktrin verwirrten mich.

Ich schaute mit meinem gesunden Auge auf die Uhr. Es war 11 Uhr 22. Ich legte die rechte Hand auf meinen Hinterkopf. Die Finger dieser Hand würden die »Senderfinger« sein. Ich benutzte dazu den Zeige-, Mittel- und Ringfinger. Ich wölbte meine linke Hand über mein linkes Auge, so daß ich meine Innenhand gesehen hätte, wenn dieses Auge in Ordnung gewesen wäre. Dann konzentrierte ich mich darauf, »Energie« von meiner rechten Hand am Hinterkopf zur linken vor meinem linken Auge zu senden. Es dauerte ein paar Minuten, bis es begann. Vermutlich brauchte ich in diesem Fall ein wenig länger, weil ich mich von mir selbst loslösen mußte, um meine Aufmerksamkeit auf das Senden von Energie zu richten und nicht darüber nachzugrübeln, wie das Leben ohne mein linkes Auge sein würde. Hätte ich eine Augenbinde? All dies schoß mir durch den Kopf. Und, Mann, das Auge tat höllisch weh.

Als sich die Konzentration und das Fokussieren auswirkten, begann das Auge zu pulsieren. Ich begriff, daß dies der »therapeutische Puls« war. Als er anstieg, spürte ich, wie Wärme in meine linke Innenhand ausstrahlte. Ich erlaubte meinen Fingern, sich auf meinem Hinterkopf zu plazieren, wie immer sie wollten. Während der Puls stärker wurde und die Wärme zunahm, steigerte sich der Schmerz in meinem Auge mehr und mehr. Einige Male wollte ich abbrechen, weil der Schmerz fast unerträglich wurde. Aber dann mache ich weiter, weil ich »praktizieren wollte, was ich predigte«. Und der von mir losgelöste Teil war sehr daran interessiert, zu sehen, wie die Dinge sich entwickelten. Ich schwankte einige Male, war dann aber sehr froh, mit der Energielenkung weitergemacht zu haben.

Plötzlich spürte ich einen »Knall« in meinem Auge. Ich war sicher, daß er bis ins Wohnzimmer zu hören gewesen war. Rückblickend weiß ich gar nicht mehr so genau, ob da überhaupt ein Geräusch gewesen war - außer in meinem Kopf. Aber ich versichere Ihnen, daß ich es damals laut und deutlich in meinem Kopf gehört habe. Gleich nach dem »Knall« verschwand der Schmerz und mit ihm meine Panik und Angst. Ich konnte mit dem linken Auge meine Innenhand klar und deutlich sehen. Ich sagte laut zu mir selber: »O Mann, es funktioniert ja wirklich.« Es war 11 Uhr 30. Die ganze Behandlung hatte acht Minuten lang gedauert.

Ich ging lächelnd ins Wohnzimmer, blieb aber wirklich nur mit Mühe gelassen. Am liebsten hätte ich Freudensprünge gemacht. Ich hatte keine Schmerzen mehr, konnte sehen, und das Zeugs, das ich lehrte, funktionierte bei mir. Ich bat Dianne, sich noch einmal das Auge anzuschauen. Sie fand die Kerbe in der Pupille nicht mehr. Meine Augenverletzung hatte keine Spätfolgen. Insgeheim - um nicht allzu verrückt zu erscheinen - dankte ich dem Busch dafür, daß er mir eine Gelegenheit gegeben hatte, mir selbst zu bestätigen, daß die Energielenkungstechnik wirkte. Ich bin sicher, daß ich eine »Energiezyste« aus meinem Auge befreit habe, die durch diesen Zweig verursacht worden war. Und ich glaube, daß ich von irgendwoher mit einer heilenden Energie versorgt worden war.

Einige weitere Beispiele, wie das Leiten von Energie angewendet werden kann, mögen nützlich sein. Ich werde ihnen von anderen Personen, die diese Technik erfolgreich einsetzten, erzählen, damit Sie nicht auf die Idee kommen, nur ich habe diese Begabung. Jeder kann lernen, die Energie zu lenken, und der Schüler benötigt keine Praxis in irgendeiner Heiltätigkeit, um sie anwenden zu können. Die Upledger Foundation fördert einen eintägigen Workshop mit der Bezeichnung »ShareCare« für Laien. Die Teilnehmer sind Personen aus allen Berufen, die anderen sowie sich selbst helfen wollen. Energielenkung ist eines der Dinge, die wir in diesem eintägigen Workshop anbieten.

Einmal rief mich ein ShareCare-Workshop-Teilnehmer namens Arthur an. Der berichtete, er habe gerade ein Meeting mit dem Gouverneur in North Carolina. Es ging dabei um gewisse Steuermanöver, die dem Staat einiges Geld bei den Gebäuden ersparen würde, die er zu Verwaltungszwecken brauchte. Arthur war ein sehr erfolgreicher Steueranwalt aus Miami. Der Gouverneur litt an einer Schleimbeutelentzündung an der Schulter, die ihm während dieser Treffen große Schmerzen bereitete. Arthur hatte ihm angeboten, Energie in seine Schulter zu senden, um zu sehen, ob es helfen würde. Der Gouverneur hatte zugestimmt. Arthur machte es genau so, wie er es im eintägigen ShareCare-Programm gelernt hatte. Die Schmerzen in der Schulter des Gouverneurs verschwanden. Arthur fühlte sich gut, weil er helfen konnte. Der Gouverneur fühlte sich besser, war aber verwirrt, weil Arthur ein Anwalt und kein Heilpraktiker war. Wir alle fühlen uns gut, weil wir glauben, mit der natürlichen Gabe, einander heilend helfen zu können, auf die Welt gekommen zu sein. Arthurs Erfahrung bestätigte dies. Wir möchten gern, daß Sie diese angebotene Fähigkeit nutzen. Wir halfen Arthur und dem Gouverneur zu entdecken, daß sie einander helfen können. Die gängige Medizin fördert diese Gabe nicht, weil sie sich selber so wichtig nimmt und dadurch den Laien einschüchtert.

Ein weiteres Beispiel für die Anwendung heilender Energie durch einen unserer Schüler ist weit dramatischer und beeindruckender. Dieser Schüler gehörte zum Hilfspersonal eines Chicagoer Krankenhauses. Eines Tags hatte er Abendschicht. In einem der Krankenzimmer, für die er zuständig war, lag eine ältere Dame, der man an diesem Vormittag einen Unterschenkel amputiert hatte. Sie war Diabetikerin und hatte ein Gangrän entwickelt. Sie hatte die Wahl zwischen Amputation oder Tod. Als unser Schüler um 16 Uhr seine Schicht begann, wimmerte die Patientin vor Schmerzen. Vor 18 Uhr durfte sie kein Morphium bekommen, weil ihr dieses Medikament alle vier Stunden verschrieben worden war. Ihre letzte Morphiumspritze hatte sie um 14 Uhr erhalten. Die Amputation hatte kurz vor Mittag stattgefunden. Sie trug einen leichten Verband um den Beinstumpf und über das Knie. Unser Schüler litt, als er hörte, wie diese arme Frau vor Schmerzen wimmerte. Er beschloß, diese verrückte Energielenkungstechnik anzuwenden, die wir in der Einführungsklasse in Craniosacral Therapie gelehrt hatten.

Er berichtet, er habe den Beinstumpf der Frau zwischen beiden Händen gehalten und sich vorgestellt, wie heilende Energie hindurchströme, wie diese Energie durch den Verband und den Stumpf zwischen seinen Händen hindurchfloß. Er spürte den »therapeutischen Puls« und die Wärmefreisetzung. Das Wimmern wurde etwa eine Minute lang stärker, dann verstummte es. Die Patientin entspannte sich und schlummerte ein. Sie verschlief den Rest der Schicht bis Mitternacht. Am folgenden Nachmittag, als unser Schüler zur Arbeit kam, las er im Krankenblatt, sie habe die ganze Nacht über geschlafen. Um 9 Uhr morgens hatte sie dann eine Morphiumspritze erhalten. Das Krankenprotokoll berichtete, sie habe einen guten Tag gehabt, sei glänzender Stimmung und heiter gewesen. Als er kurz nach 16 Uhr nach ihr schaute, ging es ihr gut. Sie verlangte während ihres ganzen restlichen Krankenhausaufenthaltes nicht mehr nach Morphium. Er wandte bei ihr die Energielenkungsbehandlung täglich um etwa 16 Uhr 30 und 23 Uhr an. Sie wurde etwa zehn Tage nach der Operation geheilt und glücklich entlassen. Für eine ältere Diabetikerin, der man wegen eines Gangräns den Unterschenkel amputiert hatte, war dies eine recht bemerkenswerte Erfahrung. Der junge Mann erzählte niemandem im Krankenhaus, aber auch der Patientin selber nicht, was er gemacht hatte, weil sie ihn vermutlich als einen Verrückten gefeuert hätten, obwohl es dieser Frau ungewöhnlich gut ging.

Wir alle, die wir die Craniosacrale Therapie studiert, und viele Laien, die an unseren eintägigen Workshops teilgenommen haben, helfen anderen und uns selbst mit dieser Energielenkungstechnik. Verurteilen Sie sie nicht, bevor Sie es versucht haben. Im schlimmsten Fall kann es passieren, daß nichts geschieht, und im besten, daß Sie die Heilung unterstützen. Weshalb es nicht einmal ausprobieren, bevor Sie entscheiden, daß es nicht funktioniert?

Vor einigen Jahren lehrte ich die Energielenkungstechnik an der Menninger Foundation in Topeka, Kansas. Man war dort der Ansicht, daß es sich um eine Form von Hypnose handele. Man ließ es mich bei Babies und Tieren ausprobieren. Es funktionierte. Das schloß eine hypnotische Suggestion aus. Nun wollen wir uns das Zusammenwirken von Intention und Berührung anschauen.

# 18 Intention und Berührung

Mein Glaube an die Intention erwachte Ende der 60er Jahre, als ich anfing, häufig Akupunktur anzuwenden. Damals hatten wir eine Freie Klinik in Clearwater und eine weitere in St. Petersburg. Akupunktur stellte für uns einen attraktiven Behandlungsansatz dar, weil sie nicht teuer war und Medikamente überflüssig machte. Viele unserer Patienten hatten Medikamentenmißbrauch getrieben oder trieben ihn immer noch, darum: je weniger Pillen, desto besser. Ich sah, daß einige von uns Akupunktur mit gutem Erfolg anwandten und andere bei denselben Patienten weniger erfolgreich waren. Anfangs hielt ich es für Einbildung. Wir versuchten darum, alle positiven oder negativen Kommentare über irgendwelche Erwartungen zu vermeiden. Wir gingen sogar so weit, daß wir vor, während und nach der Behandlung überhaupt nicht mit den Patienten sprachen.

Die starke Verbindung schien in der unausgesprochenen Einstellung des Therapeuten zu bestehen. Wer von uns schon einmal erfahren hatte, wie Akupunktur funktionierte und zudem daran glaubte, erzielte weit bessere Resultate als jene, die im Grunde nicht davon überzeugt waren. Wir hatten zwei Ärzte, die Akupunktur anwendeten, sie aber für völligen Blödsinn hielten. Ihre Ergebnisse waren unbefriedigend.

Ich behandelte häufig denselben Patienten am nächsten Tag und erzielte sofort positive Resultate. Es war leicht, die Akupunktur auf diese Art und Weise zu testen, weil wir die Ergebnisse unmittelbar während der Behandlung beobachten konnten. Schmerzen verschwanden. Die Atmung asthmatischer und emphysematischer Patienten verbesserte sich spontan. Das Verlangen nach gewissen suchtbildenden Drogen wie Heroin ließ vor unseren Augen nach.

Der entzündete Ausschlag bei einer Gürtelrose wurde blasser, noch während wir zuschauten, aber nur, wenn die Behandlung richtig und von einem Arzt ausgeführt wurde, der Zutrauen in die Akupunktur hatte. Wir pflegten zu sagen: »Es kommt nicht so sehr darauf an, wo und wie man die Nadeln einsticht, sondern wer es tut.«

Damals dämmerte mir allmählich, daß die innere Einstellung und Intention des Therapeuten eine Menge mit dem Erfolg der Behandlung zu tun haben. Es scheint hier mehr im Spiel zu sein als nur die Kraft der Einbildung. Chirurgen, die gut gelaunt oder im großen und ganzen zufrieden sind, scheinen bessere Ergebnisse zu erzielen als ihre chronisch ärgerlichen, zynischen oder deprimierten Kollegen. Diese Grundhaltung ist wichtiger als die Operationstechnik.

Engagierte Therapeuten, die zufrieden und vertrauensvoll sind, erzielen bessere Ergebnisse. Wir haben begonnen, die Auswirkung der Einstellung auf den elektrischen Widerstand in einem Schaltkreis zu messen, der zwischen Therapeut und Patient hergestellt wurde. Wir sehen, daß ein höherer elektrischer Widerstand mit einer negativen Einstellung des Therapeuten und des Patienten zusammenhängt.

## *Schwester Anne Brooks*

Es ist etwa 20 Jahre her, daß ich Schwester Anne Brooks zum ersten Mal traf. Sie hatte drei Termine abgesagt und erschien dann endlich beim vierten.

Schwester Anne hatte sich als Volontärin bei unserer Freien Klinik in St. Petersburg, Florida, beworben. Sie wollte wieder mit Bedürftigen arbeiten und hatte gehört, daß in unserer Klinik die Menschen unterstützt wurden, denen auch sie helfen wollte.

Ein junger Mann namens Butch - der Direktor unserer Freien Klinik - hatte mit ihr gesprochen und vorgeschlagen, sie solle mich treffen. Ich erfuhr, daß sie seit fast 20 Jahren an etwas litt, das als rheumatoide Arthritis diagnostiziert worden war. Zur Zeit ihres Gesprächs mit Butch hatten ihr ihre Ärzte (es gab mehrere, die darin übereinstimmten) empfohlen, sich künstliche Hüftgelenke einsetzen zu lassen. Sie war bereits seit etwa 17 Jahren gehbehindert und seit mehreren Jahren auf den Rollstuhl angewiesen.

Butch hatte ihr gesagt, wenn sie in unserer Freien Klink arbeiten wolle, müsse sie mir erst ihre Hüfte zeigen. Er sagte ihr, ich mache ein paar ausgefallene Dinge wie Akupunktur, Hypnose, osteopathische Einrenkungen, eine ganz merkwürdige Sache, bei der Schädelknochen umherbewegt werden, dazu aber auch eine recht gute Art von Allgemeinmedizin. Angst hatte bei der Absage ihrer ersten drei Termine eine große Rolle gespielt.

Als wir uns endlich trafen und ich ihrer Geschichte lauschte, war ich ergriffen. Sie war mehrere Jahre lang Rektorin einer Ghetto-Schule gewesen und hatte ihre Arbeit sehr geliebt. Als ihre Behinderung und ihre Schmerzen größer wurden, überwies man sie auf eine Schule, in der hauptsächlich Kinder der oberen Mittelklasse waren. Ihr ganzes Bestreben und Verlangen ging dahin, den Armen und Bedürftigen zu helfen. Aus diesem Grund war sie auch (im Rollstuhl) in unsere Freie Klinik nach St. Petersburg gekommen und hatte Butch angefleht, freiwillig für uns arbeiten zu dürfen. Ich bin sicher, hätte sie nicht unbedingt in unserer Klinik arbeiten wollen, wäre Butch nie fähig gewesen, sie zu einem Gespräch mit mir zu überreden.

Bei diesem ersten Treffen begann ich meine Behandlung mit Akupunktur, Ernährungsratschlägen, Megadosen von Vitaminen und Cranosacraler Therapie. Ich konnte keine klassischen osteopathischen Manipulationen vornehmen, weil sie jedesmal vor Schmerzen aufschrie, wenn ich sie zwischen Taille und Knien berührte, um ihre Knochen oder das tiefliegende Gewebe zu beeinflussen. Mir war unbegreiflich, wie diese arme Frau mit all diesen Schmerzen leben konnte. Ihre Bluttests auf rheumatoide Arthritis waren positiv.

Ich vereinbarte wöchentliche Behandlungen mit ihr. Wir fanden bald heraus, daß eine richtig angewandte Akupunktur ihre Schmerzen völlig verschwinden ließ. Nach einigen Wochen merkten wir, daß eine einzige Akupunkturnadel am Ende ihres rechten Mittelfingers, und das während 15 Minuten täglich, ihren Schmerz so linderte, daß sie den Rollstuhl verlassen konnte, die Krücken nicht mehr brauchte und jetzt die traditionelle osteopathische Manipulationsarbeit ertrug. Ich bin sicher, daß das Abnehmen des Schmerzes auch mit den veränderten Ernährungsgewohnheiten zu tun hatte. Meiner Meinung nach ist Bewegung für die Gesundheit unerläßlich, deshalb arbeiteten wir sehr hart daran, die Beweglichkeit der Knochen, Gelenke und des übrigen Gewebes vom Kopf bis zu den Füßen wiederherzustellen.

Um die Geschichte abzukürzen: Schwester Anne wurde innerhalb eines Jahres fast völlig geheilt. Sie arbeitete unermüdlich in unseren Freien Kliniken (von denen es inzwischen drei gab). Nachdem sie die Erlaubnis ihrer Kirche erhalten hatte, übernahm sie eine Ganztagsbeschäftigung als Direktorin der Freien Klinik. Ihre Bluttests für rheumatoide Arthritis waren das erste Mal seit 20 Jahren wieder normal.

Schwester Anne wurde eine sehr gute Freundin meiner Familie. Als ich 1975 Florida verließ und nach Michigan zog, um an der Michigan State Unversity zu lehren, blieben Schwester Anne und ich in enger Verbindung. Ihr Zustand besserte sich immer mehr. Sie war nicht länger auf meine »Doktor«-Tätigkeit angewiesen.

Im ersten Jahr nach unserem Umzug nach Michigan besuchte uns Schwester Anne und fragte mich, ob sie an einem

Programm der University of Florida teilnehmen solle, nach dessen Abschluß sie zugelassene Arzthelferin sein würde. Sie wollte in den Farm-Wanderarbeitercamps in Florida arbeiten. Ich wies sie darauf hin, daß sie bei ihrer Arbeit immer auf einen zugelassenen Arzt angewiesen sein würde, wenn sie sich dazu entschloß, diesen Weg einzuschlagen. Weshalb wollte sie sich nicht um eine eigene Zulassung als Ärztin bemühen, damit sie frei wäre, zu tun, was sie für richtig hielt? Nach einem Gespräch über ihr Alter, ihre fehlenden Voraussetzungen für den Arztberuf und die Schwierigkeit, medizinische oder osteopathisch-medizinische Lehrgänge sowie das Praktikum zu absolvieren, machte sie einen stundenlangen Spaziergang im Wald hinter unserem Haus. Sie tat, was tief spirituelle Menschen stets tun, und kam zurück mit einem: »In Ordnung, probieren wir es. Was muß ich als erstes tun?«

Ich vereinbarte ein Gespräch mit dem Zulassungsbeamten des College of Osteopathic Medicine an der Michigan State University. Er war von Schwester Anne so beeindruckt, daß er mich fragte, wie wir sie dazu bewegen könnten, dort anzufangen.

Ihr Mutterhaus erlaubte ihr, an den Kursen teilzunehmen. Sie leistete ein Jahr vormedizinische Arbeit in St. Petersburg. Dann zog sie zu uns nach Michigan, East Lansing, um ihr zweites Jahr vormedizinischen Studiums zu absolvieren. Es folgten die Zulassung zum Osteopathischen College und vier Jahre sehr harter Arbeit.

Nachdem sie graduiert und ihren Doktor der Osteopathischen Medizin erhalten hatte, zog sie nach Detroit, wo sie ihr Praktikum machte.

In diesem Jahr verfaßte sie eine gründliche Studie über die armen und unterentwickelten Gebiete im Südosten der Vereinigten Staaten. Sie ließ sich in Tutweiler, Mississippi, nieder, wo sie heute in einer gutgehenden Klinik tätig ist und eine bemerkenswerte Notfall- und Allgemeinmedizinpraxis führt. Und das alles leistet eine Frau, die noch in ihren mittleren Jahren an den Rollstuhl gefesselt war, ständig unter starken Schmerzen litt und schon erwog, sich künstliche Hüftgelenke einsetzen zu lassen.

Während der Vorbereitung dieses Manuskripts sprach ich mit Schwester/Doktor Anne. Ich fragte sie, worin ihrer Ansicht nach der eigentliche Schlüssel zu ihrer Genesung bestanden habe. Sie erwiderte ohne zu zögern, es seien zu 80 Prozent meine innere Einstellung und Intention und zu 20 Prozent jene Mischung aus Akupunktur, Ernährung, Craniosacraler Therapie und allem übrigen gewesen.

Wir Therapeuten sollten stets an die gewaltige Kraft denken, die unsere Intention, innere Einstellung und Erwartung auf den Patienten ausüben und darauf, wie er auf die Behandlung anspricht. Eine düstere Vorhersage durch den Behandelnden kann leicht zur Folge haben, daß der Patient diese Erwartungen erfüllt. Und auch die Umkehrung ist wahr. In Schwester Annes Fall haben wir ein »nein« einfach nicht gelten lassen.

## *Ein Komafall*

Ich bin voll und ganz überzeugt davon, daß das Schicksal uns zu Beginn einen großen Erfolg beschert, damit uns ein Projekt richtig packen kann. Das war bei mir so im Fall mit dem Koma. Ich hatte bisher nicht viel mit echt komatösen Patienten gearbeitet, es waren vielleicht erst etwa ein Dutzend solcher Fälle gewesen, und die hatten mich alle recht neugierig gemacht.

So richtig »am Haken« hing ich allerdings erst durch die Erfahrung mit einer Komapatientin, die sogar mich verblüffte. Ich war gebeten worden, mir eine 25 Jahre alte Frau anzuschauen, die nach einem Autounfall seit dreieinhalb Jahren im Koma lag. Vor dem Unfall war sie ein schönes Mädchen gewesen. Sie hatte Jungs, Champagner, Tanzen, Parties und dergleichen geliebt. Sie war die Tochter wohlhabender belgischer Eltern.

Während ich zuhörte, wie die Mutter ihre Tochter beschrieb, spürte ich intuitiv, was ich zu tun hatte.

Das Mädchen - wir wollen sie Cherie nennen - lag zusammengekrümmt im Bett, mit einem Schlauch in der Nase, einem weiteren in der Blase; sie hatte eine Windel an. Ihre Fäuste waren geballt, die rechte stärker als die linke. Die Füße waren extrem stark nach innen gedreht; die Beine gebeugt. Sie wurden durch ein Kissen zwischen den Knien daran gehindert, sich zu überkreuzen. Ihre Augen waren geschlossen. Sie reagierte weder auf meine Stimme noch auf mein Zwicken an mehreren Körperstellen.

Ich überließ mich ganz meiner Intuition und öffnete ihre linke Faust so weit, daß ich meine Finger in ihre Hand zwängen konnte.

Sie drückte sie reflexartig. Mit der rechten Hand umfaßte ich ihren Hinterkopf (ich habe recht große Hände), ertastete dort den Craniosacralen Rhythmus und arbeitete daran, diesen rhythmischen Puls zu beschleunigen. Dann machte ich etwas, das sogar mich überraschte. Ich begann, ihr ins Ohr zu flüstern. Ich sagte Cherie, daß sie wunderschön sei. Ich sagte, daß, wenn sie aufwachen würde, wir zusammen Champagner trinken und die ganze Nacht hindurch tanzen würden. Wir hätten eine wundervolle Zeit miteinander und so weiter. Nie zuvor hatte ich etwas Derartiges getan.

Während ich ihr sanfte Worte ins Ohr flüsterte, spürte ich, wie sich ihr Craniosacraler Rhythmus beschleunigte und lebendiger anfühlte. Ich fuhr fort, ihr »süße Nichtigkeiten« ins Ohr zu wispern. Als ich bestimmte Wörter benutzte, setzte der Craniosacrale Rhythmus einen Augenblick lang aus. Wenige Minuten später machte sie zum ersten Mal nach dreieinhalb Jahren die Augen auf. Sie schaute mich an und drückte meine Hand ein wenig fester, wie um mir zu sagen, daß sie mich verstanden hatte.

Ich glaubte, im siebten Himmel zu sein! Was für ein wundervolles Erlebnis! Die Mutter, die Krankenschwester und der Freund der Mutter waren erstaunt. Sie sprachen alle durcheinander. Die Freude im Raum war spürbar.

Ich behandelte Cherie sieben Tage lang täglich. Ich lehrte damals vor einer Klasse in Holland, und nach meiner ersten Visite bei Cherie brachte ich zu jeder Behandlungssitzung fünf Schüler mit. Am Ende der Woche konnte Cherie weiche Nahrung mit dem Mund aufnehmen, wenn jemand sie fütterte. Sie war nicht länger auf den Schlauch von der Nase in den Magen angewiesen. Sie hielt den Kopf hoch und bewegte ihn. Auch der Nacken entspannte sich, und sie bekam wieder Kontrolle über ihre linke Hand. Die krampfartige Lähmung im rechten Arm und in beiden Beinen nahm ab. Sie begann, sich gezielt zu bewegen, vor allem ihr linkes Bein.

Kürzlich erhielt ich einen Brief von Cheries Mutter. Sie teilte mir mit, daß Cherie jetzt leise spreche. Sie können sich nicht vorstellen, was dies alles für uns bedeutet.

Unser Plan mit Cherie sieht so aus, daß unsere Schüler sie wöchentlich behandeln, bis zu einer vorläufig möglichen Besserung ihres Zustandes. Wenn es so weit kommen sollte, werde ich noch einmal mir ihr arbeiten, um eine weitere Besserung zu erzielen. Wir werden nicht aufhören, bis Cherie sich vollständig erholt hat.

Ich hoffe, meine Frau erlaubt mir, wenigstens einmal mit Cherie zu tanzen, wenn sie dazu fähig ist.

Sehen Sie, was ich meine, wenn ich sage, ich hinge »am Haken«?

Es ist auf diesem Gebiet noch viel Forschungsarbeit zu leisten. Wir tun unseren Teil und finden sie faszinierend. Wir haben genügend Beweise, um das Konzept der »inneren Einstellung« zu unterstützen, also predigen wir immer wieder: »Wenn Ihre Einstellung dem Patienten gegenüber pessimistisch ist, überlassen Sie die Behandlung jemand anderem.« Wir raten Therapeuten, sich einen Tag freizunehmen, wenn sie persönliche Probleme haben, die sie nicht draußen vor der Tür des Behandlungszimmers lassen können.

Die Einstellung des Therapeuten (sei er nun Chirurg, praktischer Arzt, Zahnarzt, Physiotherapeut, Rolfer, Akupunkteur, Craniosacraler Therapeut oder was auch immer) hat eine Menge mit einem erfolgreichen Heilungsprozeß des Patienten zu tun. Mit diesem Wissen im Hinterkopf sollte der Therapeut immer versuchen, seiner Berührung und seiner inneren Einstellung eine positive Richtung zu geben. Mehr darüber später.

# 19 Therapeutische Bilder und Dialog

Als ich auf der Osteopathic Medical School war, unternahm ich einiges, was nicht im Lehrplan vorgesehen war. Zum Beispiel belegte ich einen Abendkurs in Hypnotherapie bei einem Psychiater an diesem Ort. Er mag ein wenig verrückt gewesen sein, aber er bot einen sehr guten zehnwöchigen Kurs an. Wir waren acht Teilnehmer. Als ich meine Praxis in Clearwater, Florida, eröffnete, wandte ich Hypnose bis zu einem gewissen Grad an, war dann aber schon bald zu sehr mit Allgemeinmedizin und Chirurgie beschäftigt und hatte weniger Zeit für Hypnose.

Dann tauchte Reta auf. Sie war 38 Jahre alt, hatte vier schulpflichtige Kinder und einen Ingenieur zum Ehemann, der manchmal arbeitete und manchmal nicht. Er beschimpfte sie, und zuweilen schlug er sie auch. Reta war die Hauptstütze der Familie. Sie hielt sie zusammen. Sie war geschäftsführende Sekretärin des Präsidenten der Lokalbank, hoch geschätzt und unterbezahlt. Sie »schmiß« das Büro des Präsidenten, und er wußte es, aber es wäre ihm schwergefallen, diese Tatsache zuzugeben. Zum Teil hing dies mit seinem Stolz zusammen, zum anderen wußte er, daß sie sehr wahrscheinlich schwer zu halten gewesen wäre, hätte er sie ihren wahren Wert wissen lassen. Vielleicht hätte sie sogar eine Beförderung verlangt.

Reta war an mich überwiesen worden, weil sie heftige und ständige Schmerzen im Kopf und Nacken, im oberen Brustkorb, in den Schultern, Armen und Händen hatte. Zudem litt sie episodisch an starken Schmerzen im unteren Rücken und in der rechten Hüfte. Der Arzt, der sie an mich überwiesen hatte, war ein orthopädischer Chirurg, der nicht mehr wußte, wo er sonst noch etwas herausschneiden könnte. Er hatte sie schon dreimal operiert, ohne ihr helfen zu können. Ich hatte mir einen gewissen Ruf in der Behandlung von Schmerzen erworben, und man wußte, daß ich Hypnose anwandte, Trigger-point-Injektionen machte, manipulierte und was es sonst noch alles gab. Es ging auch das Gerücht, daß ich eine gute Mischung aus Allgemeinmedizin und kleineren chirurgischen Eingriffen anwandte. Reta stellte vermutlich inzwischen ein Ärgernis für den Orthopäden dar - sie erinnerte ihn ständig daran, daß er versagt hatte. Er wußte, daß ich auch Nachtdienst machte, weil ich jung und ehrgeizig und sehr von mir eingenommen war.

Wiederholte Operationen hatten Reta für den Rest ihres Lebens geschädigt. Man hatte ihr die Krampfadern und nach ihrer vierten Entbindung die Gebärmutter entfernt. Alle Kinder waren vaginal, mit Hilfe langer Dammschnitte, zur Welt gekommen. Dann hatte sie sich einer Dammrekonstruktion und einer Blasensuspension unterzogen - beides vor der Hysterektomie. Als nächstes nahm man ihre Gallenblase heraus. Der überweisende orthopädische Chirurg hatte in zwei getrennten Operationen die Bandscheiben zwischen dem dritten und vierten und dem vierten und fünften Lendenwirbel entfernt. Dann hatte er erfolglos versucht, die Nervenwurzeln in der unteren Halsregion zu entlasten.

Zu all dem beanspruchten die Kinder voll und ganz ihre Zeit und Energie. Sie waren scheinbar nicht sehr verständnisvoll. Ich hörte mir einfach ihre Geschichte an, untersuchte sie, brachte ihr eine Menge Mitgefühl entgegen und versicherte ihr, wir würden den Kern des Problems finden. Reta und ich schlossen einen Pakt, daß wir gemeinsam an dieser Sache arbeiten würden, bis wir zu einer Lösung gekommen wären.

Ich begann mit Trigger-point-Injektionen nach Janet Travells Methode. Dr. Travell hatte John F. Kennedys Rückenschmerzen behandelt. Ich hatte einigen Erfolg mit dieser

Methode, wenn ich sie mit osteopathischen Manipulationen kombinierte. In Retas Fall war dies nicht möglich. Es ging ihr dann schlechter. In meiner Verzweiflung besuchte ich sie als letzte Patientin am Abend, weil ich es bei ihr mit Hypnose versuchen wollte. Meine Absicht war, ihr Selbsthypnose beizubringen, so daß sie lernen konnte, sich zu entspannen und mehr zu schlafen.

Nach einigen Sitzungen lernte sie, bis zu einem gewissen Grad zu relaxen. Während einer dieser Sitzungen regredierte sie in ihre frühe Kindheit. Ich erkannte, daß sie zu etwas bereit war, wußte aber nicht, was es war. Ich dachte, wir könnten bei dieser Gelegenheit versuchen, die Ursache ihrer Schmerzen herauszufinden, die vielleicht eher emotional als körperlich bedingt waren. Das war 1966, bevor ich etwas von Akupunktur, Craniosacraler Therapie, SomatoEmotional Release und dergleichen wußte. Ich forderte sie in Hypnose auf, bis in die Zeit zurückzugehen, in der der Schmerz entstanden war. Dies war ein mühsamer Prozeß, weil sie - regrediert in ihre frühe Kindheit - nicht länger verständlich mit mir sprechen konnte. Sie mußte mir alles aufschreiben. Damals wußte ich noch nicht, daß ich einen erwachsenen Zeugen, einen Teil von ihr also, hätte auffordern können, zur Decke zu schweben und mir die Szene zu beschreiben. Statt dessen suggerierte ich ihr, daß sie ihre Fähigkeit, wie ein Erwachsener zu schreiben, beibehalten hätte.

Nach vielen Fragen und einer Menge schriftlicher Antworten (Menschen schreiben unter diesen Umständen recht langsam) regredierte Reta zu ihrem zweiten Lebenstag. Sie war zu Hause auf die Welt gekommen und lag in einer Wiege. Ihre Mutter und die Großmutter mütterlicherseits waren bei ihr. Die Großmutter machte ihrer Mutter Vorwürfe, weil sie in ihrem Alter (42 Jahre) noch ein Baby bekommen hatte. Reta war das jüngste von acht Kindern. Großmutter sagte: »Reta hätte niemals geboren werden dürfen; es war zu hart für die

Mutter.« Großmutter fügte hinzu, daß Reta nie gesund sein würde. Die Last der Schuld und Hoffnungslosigkeit, die Reta durch diese Unterhaltung aufgebürdet wurde, war gewaltig. Ich werde nie vergessen, was Reta schrieb, als ich sie fragte, wie sich diese Szene für sie anfühlte: »Wenn ich schon geboren werden mußte - wenn ich schon leben mußte -, kann ich wenigstens schwach und krank sein und mein ganzes Leben lang Schmerzen haben.«

Als Reta aus ihrem regredierten hypnotischen Zustand erwachte, fragte ich sie sehr sanft, ob sie lesen könne, was sie aufgeschrieben hatte. Sie konnte es nicht. Sie bat mich, es ihr vorzulegen, und ich gab vor, es ebenfalls nicht zu können. Sie akzeptierte diese Erklärung fraglos. Sie wollte mir glauben. Drei Tage später wiederholten wir die Regression in die Wiege, und sie hörte wieder zu, wie Großmutter zur Mutter sprach. Sie beschrieb ihren Gefühlszustand genau gleich wie das erste Mal. Nun ging ich geschickter vor. Ich sagte ihr, sie selbst habe die Schwangerschaft ihrer Mutter nicht gewollt. Ich sagte, allen sei es gut gegangen. Ihre Mutter habe die Entbindung ohne Schwierigkeiten überlebt. Ich sagte, ihre Großmutter habe ihre Worte wahrscheinlich gut gemeint, sich aber geirrt. Ich war nicht sicher, zu Reta durchgedrungen zu sein, weil sie immer noch ein zwei Tage alter Säugling war, als ich mit ihr sprach. Wieder versicherte ich ihr, daß, wenn sie ins Hier und jetzt zurückkehre, sie nur das verstehen würde, wozu sie bereit sei. Ich legte äußersten Wert auf diese Botschaft. Sie konnte ihre handgeschriebene Notiz wieder nicht lesen.

Vier Tage später kam Reta wieder. Sie fiel in hypnotische Trance. Ich forderte sie auf, zu der Erfahrung zurückzugehen, die sie davon überzeugt hatte, nicht ohne Schmerzen leben zu können. Sie war sofort bei der Wiegen-Szene und hörte die Worte ihrer Großmutter zu ihrer Mutter zum dritten Mal. Ich hielt erneut meinen kleinen Vortrag, daß Reta nicht für die Schwangerschaft ihrer Mutter verantwortlich sei und so weiter. Dann brachte ich sie, immer noch in tiefer Trance, intuitiv ins Erwachsenenalter zurück. Wir besprachen die Situation, während sie als Erwachsene in hypnotischer Trance war. Reta stimmte mir zu, daß es nicht angebracht wäre, wegen der emotionalen Worte ihrer Großmutter zu ihrer Mutter ihr ganzes Leben lang Schmerzen zu leiden.

Wir waren uns auch einig, daß sie mit dieser Einsicht umgehen könne, wenn sie aus der Trance erwacht wäre. Ich rief sie ins Tagesbewußtsein zurück. Diesmal konnte sie ihre Notizen lesen. Sie erkundigte sich einfach, ob sie selbst sich dies wirklich alles habe antun können. Ich sagte, ich hätte das starke Gefühl, daß es so gewesen sei.

So seltsam es auch klingen mag - das war das Ende von Retas Schmerzen. Sie ließ sich scheiden, kündigte ihre Arbeit und gründete ihr eigenes Immobilienunternehmen mit einem Mann als Partner, der sehr wahrscheinlich ihr neuer Ehemann wurde. Reta war mir eine ausgezeichnete Lehrerin. Ich bin ihr für immer dankbar. Ihr Fall ließ mich zum ersten Mal erahnen, welchen Einfluß der Geist über den Körper hat.

Einige Zeit später machte ich in meiner konventionellen medizinisch-chirurgischen Laufbahn (wenn ich je konventionell war) eine zweite Erfahrung, die mir die Augen noch mehr öffnete für den Zusammenhang zwischen Geist und Körper. Das war, als ich eine junge Frau um die zwanzig mit akuten Schmerzen im unteren rechten Unterleib hospitalisierte. Als Ursache kamen eine akute Blinddarmentzündung, eine aufgegangene Zyste im rechten Eierstock und/oder eine Entzündung einiger Lymphknoten in der Umgebung des Appendix und/oder der Eierstöcke in Frage. Der Chirurg, den ich um seine Diagnose gebeten hatte, hielt eine akute Blinddarmentzündung für wahrscheinlich. Alle Anzeichen sprachen dafür, mit Ausnahme eines meiner Lieblingssymptome, das jedoch ohnehin nicht als wesentlich betrachtet wurde. Dieses Anzeichen war ein Schmerz an der Spitze der untersten (zwölften) rechten Rippe. Meiner Erfahrung nach lag sehr wahrscheinlich keine Blinddarmentzündung vor, wenn diese Rippe nicht berührungsempfindlich war. Der Chirurg war ziemlich sicher, daß es sich um eine Blinddarmentzündung handelte, und ich besaß nicht genügend Selbstvertrauen, um mit ihm darüber zu streiten.

Die Patientin sollte am folgenden Morgen operiert werden. Ich würde der erste Assistent des Chirurgen sein, den ich hinzugezogen hatte. Ich bevorzugte ihn und vertraute ihm.

In der Nacht vor der Operation kam mir eine Idee. Ich ging zur Patientin und beschloß, sie zu hypnotisieren, wenn das ging. Es war leicht. Sie stand unter dem Einfluß von Beruhigungsmitteln und glitt rasch in Tieftrance. Ich fragte sie, ob es eine Ärztin in ihr gebe, die wisse, was ihr fehle. Sie bestätigte dies ohne Zögern. Ich erkundigte mich, ob ich wohl das Privileg haben könne, mit dieser inneren Ärztin zu sprechen und sie zu konsultieren. Sie bejahte. Ihre Stimme wurde tiefer, als sie sagte: »Hallo, ich bin die innere Ärztin.« Ich fragte die innere Ärztin, ob sie wisse, was in diesem Körper nicht in Ordnung war (die Stimme klang immer noch weiblich, obwohl sie tiefer geworden war). Die innere Ärztin erwiderte ohne Zögern, das Problem sei eine geplatzte Eierstockzyste. Ich akzeptierte diese Antwort, dankte der inneren Ärztin für ihre Hilfe und wies die Patientin an, entweder in normalen Schlaf zu fallen oder aufzuwachen - was immer sie bevorzugte. Sie wurde wach. Ich plauderte mit ihr über Belanglosigkeiten und ging dann nach Hause.

Als wir - der Chirurg und ich - uns am nächsten Morgen gründlich schrubbten, bevor wir den Operationsraum betraten, fragte ich ihn, ob er immer noch davon überzeugt sei, eine akute Blinddarmentzündung vorzufinden. Es war keine Frage für ihn. Ich widersprach ihm sachte und respektvoll und forderte ihn dann auf, mit mir fünf Dollar zu wetten. Ich würde auf den Eierstock setzen, er auf den Blinddarm. Wir operierten. Es war eine aufgeplatzte Eierstockzyste. Die Operation verlief ohne Komplikationen, und als wir fertig waren, bezahlte er mir die fünf Dollars, die er mir schuldete.

Später wandte ich die Hypnose als Diagnosemethode oft an. Der Chirurg wettete nicht mehr mit mir. Die inneren Ärzte der Patienten gaben mir immer die richtigen Informationen. Es gab tatsächlich einen Teil des Unterbewußtseins, der genau wußte, was im Körper nicht stimmte. Später entdeckte ich, daß der innere Arzt zudem wertvolle Informationen über die Ursache und die beste Behandlungsmethode des Leidens liefern konnte.

Eine weitere persönliche Erfahrung half mir, mein Wissen über die Anwendung von therapeutischen Bildern und Dialogen zu erweitern. Es geschah auf einem Seminar, bei dem ich das Demonstrationsobjekt war. Es handelte sich um eine Gruppe, die sich vorwiegend aus Psychologen und Psychotherapeuten zusammensetzte. Den Kurs leitete Marty Rossman, M.D. Er lehrte seit langer Zeit etwas, das er »Gelenkte Bilder«* nannte.

Am Ende seiner Vorlesung suchte Marty einen Freiwilligen aus der Zuhörerschaft, bei dem er die Technik, sich einen Schmerz oder ein Problem bildlich vorzustellen, demonstrieren konnte. Ich meldete mich, weil niemand sonst dazu bereit schien. Als ich nach vorn ging, hatte ich nichts Besonderes im Sinn, und ich hatte keine genaue Vorstellung von dem, was mich erwartete.

Ich setzte mich Marty gegenüber auf einen Stuhl. Er fragte mich, was ich gerne anschauen würde. Ich dachte eine Weile nach, erwähnte dann, daß ich seit vielen Jahren hin und wieder Schmerzen im unteren Rücken bis hinein ins Kreuz- und Darmbein hatte. Ich erinnerte mich, daß ich wegen dieser

---

* Original: »Guided Imagery«. In Anlehnung daran Upledgers »Therapeutic Imagery«, hier mit »Therapeutische Bilder« übersetzt. – *Anm. d. Übers.*

Schmerzen mit Vierzehn zum ersten Mal zu einem Osteopathen gegangen war. Marty fragte mich, ob ich in meinen unteren Rücken hineinschauen und ein Bild vom Schmerz erhalten könne. Ich versuchte es, und das Bild kam sehr leicht. Der Schmerz war rot und hatte die Form eines Bumerangs. Marty schlug vor, ich solle den Bumerang bitten, mir mehr über sich zu sagen. Ich fragte, und der Bumerang begann, sich wie ein Strandspielzeug aufzublähen. Und während er sich aufblähte, meldeten sich meine Rückenschmerzen. Sie wurden stärker, während der Bumerang immer größer wurde. Ich fragte, was dieses Aufblähen bedeute. Die Antwort, die mir durch den Kopf fuhr, war ein einziges, klar deutliches Wort: »ZORN«. Da fiel mir ein, daß Zorn wie ein Bumerang war: Wenn du wütend bist, kommt es auf dich zurück. Wenn ich wütend war, tat mir der Rücken weh. Meine Rückenschmerzen hatten kurz vor dem frühzeitigen Tod meines Vaters angefangen. Ich war wirklich zornig auf Gott gewesen, daß er mir meinen Vater genommen hatte.

Ich habe gelernt, daß keine ärztliche Behandlung, keine Manipulation irgendeiner Art mich von diesen Rückenschmerzen befreien kann, wenn sie mich überfallen. Aber ich kann mich an einen stillen Ort zurückziehen, in mich hineinschauen und prüfen, ob ich zornig bin oder nicht, und wenn ja, worüber. Wenn ich den Zorn finde und auflöse, verschwinden meine Rückenschmerzen ganz von selbst. Das funktioniert, seit ich vor acht oder zehn Jahren Bekanntschaft mit dem »Bumerang« gemacht habe. Es ist erstaunlich, wie oft ich zornig war, ohne daß es mir bewußt gewesen wäre. Nachdem ich gelernt hatte, daß meine Rückenschmerzen Zorn bedeuteten - ob bewußt oder nicht -, gelang es mir allmählich besser als zuvor, mit meinem Zorn umzugehen. Ich habe seitdem weitaus seltener Rückenschmerzen. Wenn sie auftreten, weiß ich, daß es an der Zeit ist, mich an ein stilles Fleckchen zurückzuziehen und herauszufinden, worüber ich zornig bin. Wenn mir bewußt ist, daß ich zornig bin, schmerzt mein Rücken nicht. Soviel ist mir heute klar. Er tut nur weh, wenn ich zornig bin, ohne es zu wissen. Zorn kann einen umbringen. Meine Rückenschmerzen teilen mir mit, wann ich zornig bin, so daß ich etwas dagegen unternehmen kann. Ich liebe meinen Rückenschmerz. Möglicherweise hat er mich sogar vor einem Herzanfall bewahrt. Ich glaube, daß mein Rückenschmerz eine Botschaft von meinem inneren Arzt ist.

Wir wollen uns nun die Konzepte des inneren Arztes, der therapeutischen Bilder und des Dialoges anschauen, um zu sehen, wie sie Ihnen helfen können.

Wie Sie vielleicht bereits erraten haben, bin ich überzeugt, daß jeder von uns eine Intelligenz in seinem Inneren hat, die alles über unser Leben weiß. Dazu gehören unsere Symptome mit ihren Bedeutungen (falls vorhanden), unsere Krankheiten, unsere inneren Konflikte und dergleichen. Meine Erfahrung stützt diesen Glauben sehr stark. Tatsächlich ist mein Glaube das Ergebnis meiner Erfahrungen. Manche Menschen würden dies als universales Bewußtsein erklären, mit dem wir alle verbunden sind. Andere fühlen, daß jeder von uns eine individuelle Weisheit in sich hat, die alles über den Körper und/oder den Menschen, in dem sie wohnt, aber nicht allzuviel über irgend jemanden sonst weiß. Viele Menschen glauben, daß sie spirituelle Führer haben, die alles über sie wissen. Es gibt noch weit mehr Vorstellungen von diesen Dingen. Was Sie glauben oder wie Sie zu diesem Glauben gelangt sind, das hängt allein von Ihnen ab.

Ich glaube, daß in uns selbst die Antwort auf jede Frage, die ich stellen kann, liegt. Mein Anliegen als Ihr Heilpraktiker ist es, eine Verbindung mit jenem Teil in Ihnen herzustellen, der die Antworten kennt, und daß diese Antworten mit uns geteilt und zu Ihrem Wohl genutzt werden können.

Da wir es meistens mit Gesundheit zu tun haben - nennen wir diesen Teil ihres Bewußtseins den inneren Arzt. Wir haben festgestellt, daß die meisten Patienten während einer Craniosacralen Behandlung in tiefe Entspannung fallen. In diesem tiefen Entspannungszustand können wir den inneren Arzt einladen, mit uns zu sprechen. Es gibt immer weise Antworten auf Gesundheits- und Lebensfragen. Wenn wir diesen Kontakt zum inneren Arzt einmal hergestellt haben, entwickelt sich eine freundschaftliche Beziehung. Ich fordere den Patienten auf, sich ein mentales Bild von seinem inneren Arzt zu machen und sich einen Namen auszudenken, mit dem dieser innere Arzt angesprochen werden möchte. Wenn es klar ist, daß unsere Absichten ehrlich und aufrichtig sind, können wir nach kurzer Zeit Fragen zum aktuellen Thema stellen. Wenn der innere Arzt keine Antwort hat, kann man vorschlagen, daß er einen Berater aus dem Unterbewußtsein hinzuzieht. Ein Teil des Patienten weiß letztlich die Antwort.

Wenn der wirkliche innere Arzt auftritt, setzt der Craniosacrale Rhythmus aus. Jetzt sind Sie wichtigem Material auf der Spur. Aus diesem Grund benutzen wir den Craniosacralen Rhythmus als ausschlaggebenden Indikator. Wenn er aussetzt, geht im Geist des Patienten etwas Wichtiges vor. Manchmal spielt der unbewußte Teil oder der innere Arzt des Patienten dem Therapeuten Streiche. Er gibt vielleicht eine irreführende oder falsche Antwort. Ist das betreffende Material unwichtig, fällt der Craniosacrale Rhythmus nicht aus, und Sie wissen genau, daß Sie einem »Hirngespinst« nachjagen.

Lassen Sie mich Ihnen anhand eines Beispiels zeigen, wie die Sache funktioniert. Eine 42 Jahre alte Frau kam zu mir. Freunde hatten mich empfohlen. Ich war ihre letzte Hoffnung. Sie hatte plötzlich ein akutes Glaukom auf beiden Augen entwickelt. Medikamente waren nicht mehr erfolgreich. Sie hatte bereits rund 20 Prozent ihres Gesichtsfeldes eingebüßt, und die Aussichten waren nicht gut, weil ihr Augeninnendruck nicht sank, obwohl sie mehrere Medikamente ausprobiert hatte. Alle zwei Wochen ging sie zu ihrem Ophthalmologen. Wenn sich ihr Zustand nicht besserte, konnte sie damit rechnen, in etwa einem Jahr faktisch blind zu sein.

Sie kam aus Interesse an der Craniosacralen Therapie, weil sie gehört hatte, daß sich diese Behandlungsmethode bei einer großen Vielzahl von Problemen bewährt hatte. Ich wandte einige Craniosacrale Techniken bei ihr an, wobei ich mich vor allem auf die Augenhöhlenknochen konzentrierte. Meine Absicht war, die Flüssigkeitsdrainage der Augen und der benachbarten Gebiete zu verbessern. Das Charakteristische bei einem Glaukom ist der Anstieg des Flüssigkeitsdrucks im Augapfel. Außerdem führte ich in der ersten Sitzung jedem Auge einzeln Energie zu. Diese Behandlung hatte keinerlei positive Wirkung auf den Innendruck beider Augen.

In der nächsten Sitzung wandte ich Techniken der Craniosacralen Therapie an, um sie sehr tief zu entspannen, und als es soweit war, fragte ich sie ruhig, ob eine Ärztin in ihr sei, die die Ursache des Glaukoms kenne. Ihr Craniosacraler Rhythmus stoppte, und sie sagte: »Ja, so ist es.« Ich fragte, ob diese Ärztin sich zeigen wolle, damit wir sie kennenlernen könnten. Ihr Craniosacraler Rhythmus setzte aus, aber sie sagte nichts. Ich fragte sie, woran sie in diesem Augenblick denke. Sie erwiderte, es kreise lediglich eine Seemöwe über ihr. Ich erkundigte mich, ob diese Seemöwe ihre innere Ärztin sei. Sie sagte, sie wisse es nicht. Ich fragte: »Seemöwe, bist du die innere Ärztin?« Sie sagte, die Seemöwe habe »ja« gesagt. Zur selben Zeit hielt der Craniosacrale Rhythmus an, also wußte ich, daß die innere Ärztin das Bild der Seemöwe gewählt hatte, um so vor uns zu erscheinen. Innere Ärzte sind wie Magier. Sie können in jeder beliebigen Form auftreten. Ich glaube, sie treiben gern einen Spaß mit uns. Manchmal habe ich den Eindruck, daß es ihnen gefällt, sich einen Scherz oder Streich mit uns zu erlauben, um zu sehen, ob wir geistig offen und geschickt genug sind, mit ihnen zu arbeiten.

Die Seemöwe landete vor der Patientin auf dem Strand. Ich

bat sie, ihre innere Ärztin sehr höflich zu fragen, mit welchem Namen sie angesprochen werden möchte. Die Antwort lautete: »Meerjungfrau.« Ich stellte mich »Meerjungfrau« vor: »Ich bin John.« Und dann sagte ich, ich würde der Patientin bei ihrem Glaukom zu helfen versuchen. Ich versicherte Meerjungfrau, es sei mir ernst mit meinem Wunsch zu helfen, und ich wäre sehr dankbar für jede Unterstützung, die sie mir bei diesem Glaukom bieten könne. Meerjungfrau erwiderte, es gebe Dinge, die die Patientin nicht zu sehen wünsche; deshalb sei sie im Begriff, sich blind zu machen. Dann müsse sie nichts mehr sehen, was sie nicht sehen wolle. Ich gab zu bedenken, daß die Patientin -obwohl sie die Dinge nicht mehr physisch sehe, wenn sie blind sei - immer noch wahrnähme, was geschehe, und durch diese Ereignisse trotzdem berührt sein könne. Meerjungfrau stimmte mir zu und schlug vor, wir sollten die Patientin davon überzeugen, daß sie durch ihr Blindsein den Tatsachen nicht ausweichen könne. Ich bat Meerjungfrau, uns eines der Dinge, die die Patientin nicht zu sehen wünsche, in Form einer Erinnerung zu zeigen. Der Craniosacrale Rhythmus stoppte sofort. Ich fragte die Patientin, was gerade in ihr vorgehe. Sie erwiderte, sie denke an ihren früheren Ehemann. Er war groß, hübsch, charmant und untreu gewesen. Sie hatte lange nicht geahnt, daß er fremdging. Schließlich, als sie aufgehört hatte, die Augen vor seinem ehebrecherischen Verhalten zu schließen, ließ sie sich scheiden. Die Patientin ist erneut verheiratet. Sie wollte nichts von dem »sehen«, was auf eine eventuelle Untreue ihres zweiten Mannes hinweisen könnte. So fing sie an, sich blind zu machen.

Ich fragte Meerjungfrau, ob dies der einzige Grund für das Glaukom sei. Meerjungfrau erwiderte: »Nein, aber das war für den Augenblick genug.« Der Augeninnendruck der Patientin blieb unverändert. Er stieg nicht mehr an, ging aber auch nicht zurück.

Eine Woche später sah ich die Patientin wieder. Ich wandte

erneut Techniken der Craniosacralen Therapie an, und sie entspannte sich, ähnlich wie eine Woche zuvor. Ich bat sie, Meerjungfrau wieder einzuladen, sich zu uns zu gesellen, falls sie gern weiter über das Glaukom sprechen möchte. Der Craniosacrale Rhythmus der Patientin hörte abrupt auf. Sie sagte nichts. Ich fragte sie, welche Bilder sie sehe. Sie erwiderte, sie befinde sich wieder an jenem Meeresstrand und sie sehe in einiger Entfernung vom Ufer eine Schwimmerin. Ich erkundigte mich, ob es sich um Meerjungfrau handle. Sie bejahte. Ich sagte: »Hallo, Meerjungfrau« und visualisierte die Schwimmerin draußen im Wasser. In meiner eigenen Vorstellung winkte ich der Schwimmerin, und sie winkte zurück. Ich versuche häufig, mir dieselben Dinge wie der Patient vorzustellen. In diesem Fall fragte ich die Patientin, ob die Schwimmerin winke, und sie bejahte. Jetzt wußte ich, daß wir alle auf dieselbe Wellenlänge eingestimmt waren. Ich bat Meerjungfrau, uns weitere Gründe, warum die Patientin ihr Sehvermögen verloren hatte, aufzuzeigen. Es kam keine Antwort, aber die Patientin sah einen schwarzen Wagen, der an der Straße am Strand geparkt war. Sie war vier Jahre alt und klopfte gemeinsam mit ihrer zweijährigen Schwester an die Wagentür, um eingelassen zu werden. Sie hörten aus dem Innern des Wagens die Stimme ihrer Mutter, die sagte, sie und ihre Schwester sollten zum Strand zurückgehen, um noch ein wenig zu spielen. Es war kalt, und die Wagenfenster waren beschlagen, so daß die beiden Mädchen nicht hineinschauen konnten. Die Tür war verschlossen.

Ihre Mutter, ein fremder Mann, und die beiden Mädchen waren in diesem Wagen an den Meeresstrand gefahren. Die Patientin und ihre Schwester wurden angewiesen, zum Strand zu gehen und im Sand zu spielen. Das machten sie eine Weile, aber es war sehr kalt, und der Strand war an diesem Tag menschenleer. Die kleinen Mädchen wollten wieder ins Auto zurück, was aber nicht möglich war, weil ihre Mutter und der

Mann offenbar noch eine Weile allein sein wollten. Heute verstand die Patientin, daß der Mann Mutters Liebhaber war. Damals aber war sie erst vier und wußte noch nicht viel von diesen Dingen. Ihr Vater war als Offizier in der Handelsmarine oft einige Wochen lang abwesend. Ihre Mutter hatte mehrere Freunde. Die Patientin wollte nicht sehen, daß ihre Mutter, die sie sehr liebte, ihrem Vater, den sie ebenfalls sehr liebte, untreu war. Sie wollte lieber blind werden als dies sehen.

Jetzt, da die Patientin das Problem begriff und mit Meerjungfrau Bekanntschaft gemacht hatte, mußte sie nicht länger »blind werden«, um sich vor der Wahrheit zu verstecken. Sie kam mit Meerjungfrau überein, sich von nun an jeden Morgen mit ihr zu unterhalten, damit sie einander besser kennenlernten.

Der Ophthalmologe teilte der Patientin mit, der Druck in ihren Augen sei fast normal geworden. Er fügte hinzu, es müsse ein Irrtum vorliegen, weil sich die Verengung ihres Gesichtsfelds so gebessert habe. Er sagte, ihr Gesichtsfeld habe sich tatsächlich erweitert, aber jedermann wisse, daß so etwas unmöglich sei - also müsse bei den vorangegangenen Tests ein Irrtum unterlaufen sein.

Die Patientin berichtet, sie fühle sich heute gut. Sie hat sich weiterhin täglich mit Meerjungfrau, ihrer imaginären Freundin und inneren Ärztin, getroffen und unterhalten. Sie weiß, daß ihre Freunde sie für verrückt halten würden, wenn sie ihnen von dieser Sache erzählte. Sie behält unser Geheimnis für sich. Nicht einmal mit ihrem zweiten Mann hat sie darüber gesprochen. Es ist natürlich verrückt, aber was bedeutet schon eine kleine Verrücktheit, wenn sie ein Glaukom heilt und eine Erblindung verhütet?

Dies ist ein weiteres gutes Beispiel für die Macht des Geistes über den Körper und für die integrierende Kraft der Craniosacralen Therapie in Verbindung mit Therapeutischen Bildern und mit Dialog.

# 20 Das Resultat

Wir haben herausgefunden, daß wir - wenn wir Craniosacrale Therapie, Gewebeerinnerung, Energiezysten Release, SomatoEmotional Release sowie Therapeutische Bilder und Dialog mit all dem kombinieren, was wir sonst noch an therapeutischen Tricks auf Lager haben - Resultate erzielen. Es gibt heute eine recht große Vielzahl an Therapeuten aus Heilberufen aller Art, die diese verschiedenen Ansätze kombinieren. Über tausend haben unsere Seminare bis zur Fortgeschrittenenstufe absolviert, und ein paar hundert haben die Fortgeschrittenenseminare abgeschlossen. Sie alle sind hingebungsvolle Therapeuten, die gelernt haben, die oben genannten Behandlungsmethoden anzuwenden, um gute Ergebnisse bei den Patienten zu erzielen. Wir alle helfen einander und arbeiten zusammen. Es gibt sehr wenig Neid unter uns. Politische Schranken zwischen Berufen wurden eingerissen. Chiropraktiker reden mit Medizinern, Osteopathen mit Zahnärzten. Der oberste Gerichtshof von Colorado entschied kürzlich zweimal, daß Zahnärzte Craniosacrale Therapie unterhalb des Halses anwenden dürfen, weil das Craniosacrale System die Zähne und die Okklusion betrifft. Diese Entscheidungen bedeuten, daß Zahnärzte in Colorado künftig legal Ihr Steißbein manipulieren dürfen, um Ihre Kiefergelenke zu richten, weil das Craniosacrale System in Ihrem Steißbein endet. Andere Zahnärzte, die unsere Fortgeschrittenenseminare absolviert haben, besuchten Massageschulen, um die Lizenz zu erhalten, legal am ganzen Körper arbeiten zu können. Die Zähne sind ein Teil des ganzen Körpers - sie existieren nicht isoliert.

Das Board of Professional Licensure* in Florida hat sich unserer Meinung angeschlossen, daß Massagetherapeuten Craniosacrale Therapie anwenden dürfen. Tatsächlich sind einige unserer besseren Lehrer der Craniosacralen Therapie lizenzierte Massagetherapeuten.

Leute, die so arbeiten, widmen sich ihren Patienten und Klienten, ohne sich um deren Beruf oder politische Zugehörigkeit zu kümmern. Denn was ist wichtiger, die Politik oder das therapeutische Ergebnis? Selbst Politiker erkennen, daß das Resultat das wichtigste ist, wenn sie Schmerzen haben.

Es kommt nicht darauf an, welche Vorbildung der Therapeut besitzt, sei es nun physikalische Therapie, Massagetherapie, Allgemeinmedizin, Chiropraktik, Krankenpflege, Berufstherapie** oder Osteopathie, er kann immer lernen, Craniosacrale Techniken und Ergänzungsvarianten anzuwenden, um gute therapeutische Resultate zu erzielen.

---

* Etwa: Berufszulassungsbehörde - *Anm. d. Übers.*

** Therapieform, bei der die Patienten ermutigt werden, sich in beruflichen Aufgaben oder expressiven Tätigkeiten wie Kunst oder Tanz zu engagieren. - *Anm. des Übers.*

# 21 *Wer kann diese Arbeit tun?*

Wie Sie vielleicht bereits vermutet haben, bin ich von einigen Kollegen heftig kritisiert worden, weil ich Nicht-Ärzten gesundheitsfördernde Techniken beigebracht habe. Sie glauben, daß solche Leute für diese Tätigkeit einfach nicht qualifiziert sind.

Bitte lassen Sie mich erklären, wie es dazu kam. Im Jahr 1976 bereitete ich mich darauf vor, die Wirkung der Craniosacralen Therapie bei lernunfähigen Kindern in den öffentlichen Schulen von Michigan zu untersuchen. Im Verlauf eines zwanglosen Gesprächs ließ ein Sondererziehungsbeauftragter die Bemerkung fallen, er schätze, daß eines von 20 Kindern in den öffentlichen Schulen des Landes irgendein Gehirnfunktionsproblem habe. Dazu zählte er epileptische Anfälle, Autismus, Lern- und Konzentrationsschwäche, Entwicklungs- und Sprachstörungen und dergleichen.

Ich fiel fast vom Stuhl, weil ich nämlich das Gefühl hatte, daß sich 50 Prozent aller Gehirnfunktionsstörungen mit Hilfe der Craniosacralen Therapie beheben ließen. Das bedeutete, daß fünf Prozent aller Schulkinder Craniosacral gecheckt werden mußten und vermutlich drei Prozent definitiv Craniosacrale Therapie brauchen würden. Wer sollte all diese Arbeit tun? Damals gab es in Michigan rund ein halbes Dutzend osteopathische Ärzte, die diese Kinder hätten abklären und behandeln können. Aber weder das Checken noch das Behandeln waren geeignet, in großem Rahmen durchgeführt zu werden. Beide Prozesse beanspruchten jeder mindestens 20 Minuten pro Kind. Das Interesse am Erlernen der Craniosacralen Therapie war unter den meisten meiner Arztkollegen nicht stark genug. Und bei den allopathischen und osteopathischen Medizinstudenten, die wir an der Universität unterrichteten, sah es nicht besser aus. Von ihnen interessierten sich vielleicht zehn Prozent oder weniger für diese Arbeit.

Meiner Meinung nach war für ein lernbehindertes Kind jeder Monat, in dem es nicht behandelt wurde und fortfuhr, sich in der Schule minderwertig und am falschen Platz zu fühlen, ein Monat, in dem das emotionale Trauma verstärkt wurde. Wir brauchten einen anderen Weg, diesen bedürftigen Kindern eine Craniosacrale Abklärung und Behandlung zu ermöglichen.

Wie der »Zufall« es wollte, kannte einer der Therapeuten an einer Lokalschule für behinderte Kinder Olivier, das belgische zerebralgelähmte Kind, das ich schon früher in diesem Buch erwähnt habe. Dieser Therapeut hatte Olivier während der Lähmung gesehen und dann, als er wieder gehen konnte. Er kannte also die Wirkung der Craniosacralen Therapie am Beispiel von Olivier. Ich schlug dieser Schule vor, den Lehrern einen Kurs in Craniosacraler Abklärung zu geben. Meine Idee war, daß Nicht-Ärzte die Abklärung vornehmen sollten. Jene Kinder, die sich als vielversprechende Kandidaten für die Craniosacrale Therapie erwiesen, würden zur Behandlung an mich überwiesen. Daß der Kurs bewilligt wurde, verdankten wir zu ungefähr 80 Prozent der Begeisterung des Therapeuten, der Olivier vor und nach der Craniosacralen Behandlung gesehen hatte.

Ich ging dann zum Dean meines Colleges und erkärte ihm, daß etwa eines von 20 Kindern eine Craniosacrale Abklärung brauche. Er erlaubte mir, an der Schule für mehrfach behinderte Kinder einen Abendkurs für Nicht-Ärzte durchzuführen. Von dort aus ging ich zum Studienplanbüro der Universität, und wir erhielten einen Jungakademikerkredit von der Michigan State University für alle Kursteilnehmer, die bereits Grade in diesem oder jenem Fach vorweisen konnten.

An diesem ersten Kurs, der ein Semester dauern sollte, nahmen rund 20 Studenten teil. Darunter waren physikalische Therapeuten, Berufstherapeuten, registrierte Krankenpfleger, Schulpsychologen und einige Sonderschullehrer. Der Kurs war ein voller Erfolg. Viele Teilnehmer wünschten, daß er für ein zweites Semester fortgesetzt würde. Die nicht-ärztlichen Studenten erlernten die Abklärungstechniken des Craniosacralen Systems unerwartet gut. Ich konnte die vielen Kandidaten, die sie mir zu Behandlung überwiesen, nicht allein bewältigen.

Bald fing ich an, die Studenten einige meiner Techniken zu lehren, wenn sie das zu behandelnde Kind in unsere Klinik begleiteten. Ich brauchte nicht lange, um zu erkennen, daß man nicht unbedingt Arzt sein mußte, um Erfahrungen zu sammeln im Abklären und Behandeln des Craniosacralen Systems. So begann ich, die Abendkurse in Abklärung und Behandlung des Craniosacralen Systems, die von der Michigan State University gefördert wurden, für jeden Teilnehmer anzubieten, der den geforderten Voraussetzungen entsprach, nämlich, daß er auf irgendeine diagnostische oder therapeutische Art mit Kindern arbeiten konnte.

Es dämmerte mir, daß das wichtigste für einen guten Craniosacralen Therapeuten Hingabe, Mitgefühl, Sensibilität und dergleichen waren. Organische Chemie, Neurologie, Pharmakologie und andere wissenschaftliche Kurse waren nicht erforderlich.

Ich entwickelte, was wir ein Zehn-Schritte-Protokoll nannten. Das ist eine Serie von zehn manuellen Schritten, die – wenn sie mit der nötigen Genauigkeit ausgeführt werden – dem Craniosacralen System eines Patienten helfen, besser zu funktionieren, ob der Therapeut nun weiß, was er tut, oder nicht. Wenn man seine Hände sanft einsetzt und nicht versucht, die Dinge zu forcieren, kann man keinen Schaden anrichten.

Bald lehrten wir diese Zehn-Schritte-Protokoll-Techniken den Eltern gehirnfunktionsgestörter Kinder, so daß sie sie unabhängig von unserer Klinik weiterbehandeln konnten. Wir machten dies, damit die Eltern nicht in die Nähe eines Craniosacralen Therapeuten ziehen, also ihr Leben nicht verändern mußten. Sie konnten ihr Kind nur ein- oder zweimal pro Jahr zu einer Neuabklärung in unsere Klinik bringen und es trotzdem zu Hause ununterbrochen Craniosacral behandeln.

Dann merkten wir allmählich, daß dieser Ansatz, den Eltern beizubringen, wie sie das Kind regelmäßig (auf täglicher Basis) behandeln konnten, die Familie enger zusammenbrachte. Etwas für ihr Kind tun zu können, förderte das Selbstwertgefühl der Eltern.

Wir sahen, daß in vielen Fällen die Mutter die Sorge für ihr behindertes Kind übernommen hatte. Der Vater fühlte sich ausgeschlossen und nutzlos. Wir entwickelten darum Behandlungstechniken, die verlangten, daß Vater und Mutter zur selben Zeit am Kind arbeiteten. Meistens festigte sich die Ehe solcher Paare wieder. Der Vater war nicht länger »draußen«; er gehörte dazu. Er fühlte sich nützlich und wichtig. Es war eine gute Therapie für alle Betroffenen.

Als nächstes brachten wir dem Vater einfache Techniken der Craniosacralen Therapie bei, die er bei der Mutter anwenden konnte, wenn sie Kopfschmerzen hatte. Es half. Sie spürte, daß er sich um sie kümmerte. Er fühlte sich nützlich. Die Frustration wurde kleiner, das Selbstwertgefühl und die Fürsorge größer. Ich bin sicher, viele Beziehungen wurden geheilt, weil die Berührungen, die zu den Techniken der Craniosacralen Therapie gehören, mit guten Absichten und mit Liebe verbunden sind. Berührung vermittelt Gefühle.

Heute halten wir im ganzen Land eintägige Seminare unter dem Namen »ShareCare« ab. Wir lehren fundamentale Techniken der Craniosacralen Therapie, die eine allgemein heilende Wirkung haben. Sie sind nicht gefährlich. Alle Nebenwirkungen, die mit unsachgemäßer Anwendung zu tun haben könnten, sind vorübergehend und verursachen nur geringes Unbehagen. Es ist nicht schädlich. Wir lehren das Senden von Heilenergie, so daß Sie bei Schmerzen und kleineren Übeln sich selbst und Freunden helfen können. Wenn eine ernsthafte Erkrankung vorliegt, hört der Schmerz vielleicht auf, kommt aber bald wieder. Kehrt er vier- oder fünfmal zurück, brauchen Sie die Diagnose eines Arztes. Wir stellen Sie Ihrem inneren Arzt vor. Wir helfen Ihnen, ihn kennenzulernen und hoffen, eine Umgebung schaffen zu können, die es ermöglicht, sich täglich mit ihm zu unterhalten. Ja, Sie sprechen mit sich selbst, aber dadurch lernen Sie sich besser kennen. Sie brauchen niemandem zu sagen, woher Sie Ihre Informationen beziehen.

# 22 *Die Anatomie des Craniosacralen Systems*

Wo finden wir Probleme im Craniosacralen System? Alles, was die Fähigkeit der Dura mater behindert, sich an den Druck und das Volumen der rhythmisch fluktuierenden Flüssigkeit anzupassen, stellt eine potentielle Problemquelle dar. Diese Membranen formen einen wasserdichten Beutel in Ihrem Körperinneren. Ich stelle es mir so vor, daß dieser Beutel mit seinem Inhalt ein hydraulisches System im Körper bildet. Es funktioniert als ihr »Kern«. Wir wollen einen Blick auf die Anatomie dieses Dura-mater-Membranbeutels und allem, was mit ihm zusammenhängt, werfen.

Nähme man diesen für das Craniosacrale System so wichtigen Membranbeutel aus dem Körper heraus, würde er ein wenig an eine Kaulquappe erinnern. Der Kopfteil dieser Kaulquappe sitzt im Schädel. Er ist an der Schädelinnenseite befestigt und bildet tatsächlich die Auskleidung dieser sogenannten Schädelhöhle, Die Schädelhöhle befindet sich über dem Gaumendach und dem obersten Halswirbel. Die wasserdichte Membran der Dura mater kleidet den Innenschädel oder das Schädeldach aus und verhindert so, daß die Flüssigkeit, die ja innen ist, hinausfließt. Zuweilen gibt es Schädelverletzungen oder andere Probleme, die Löcher in dieser Dura-mater-Schicht der meningealen Membran verursachen. Dann kann die Flüssigkeit (die Zerebrospinalflüssigkeit) des Craniosacralen Systems austreten. In den meisten Fällen habe ich beobachtet, wie sie aus der Nase sickerte, nur zweimal sah ich sie aus einem Ohr fließen. Ein solches Leck öffnet Infektionen Tür und Tor. Zudem führt es zu einem beschleunigten Flüssigkeitsverlust des hydraulischen (Cranio-

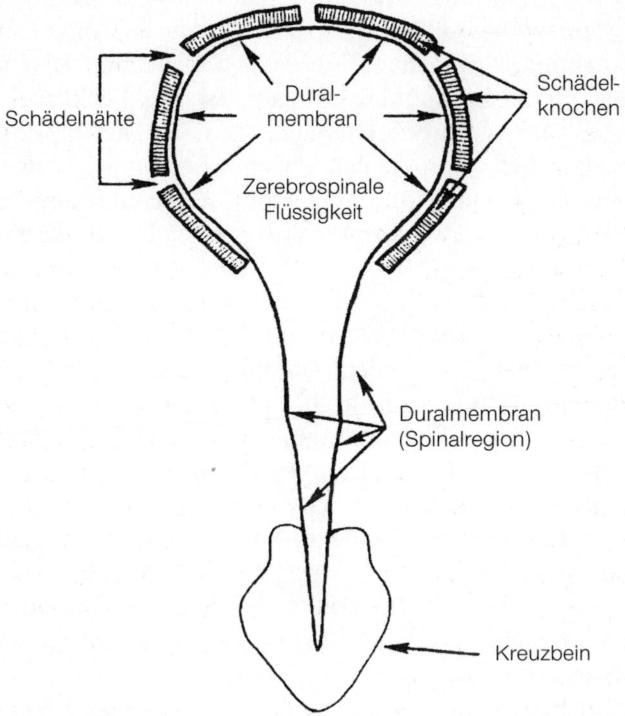


*Abbildung 6:*
Das halbgeschlosene hydraulische System der Zerebrospinalflüssigkeit und der Dura mater.

sacralen) Systems. Tritt ein solches Leck auf, muß die Flüssigkeitszufuhr oder -produktion gesteigert werden, um das normale Flüssigkeitsvolumen im hydraulischen (Craniosacralen) System konstant zu erhalten. Hält das Flüssigkeitsproduktionssystem mit dem erhöhten Bedarf schritt, treten in der Regel keine Komplikationen auf. Ist das Leck aber so groß, daß das Produktionssystem den Flüssigkeitsverlust nicht ausgleichen kann, ist eine chronische Verringerung des Flüssigkeitsvolumens und somit eine Frequenzverringerung der rhythmischen Druckschwankungen im Craniosacralen System die Folge.

Gewöhnlich leidet ein solcher Patient unter einer Menge Symptomen, von denen viele irrtümlicherweise anderen Ursachen zugeschrieben werden. Die Liste der Symptome oder Beschwerden umfaßt chronische Erschöpfung, wiederkehrende dumpfe Kopfschmerzen, unspezifische Schmerzen, die über den ganzen Körper verteilt sein können, sich aber meistens auf empfindlichere Bereiche oder Stellen früherer Verletzungen konzentrieren, sowie Konzentrationsunfähigkeit und ein allgemeiner Energiemangel, der bewirkt, daß es einem schwerfällt, sich zu einer Tätigkeit aufzuraffen. Der Betroffene braucht eine starke Selbstdisziplin und Entschlossenheit, um das Alltagsleben zu meistern.

Seltener beobachten wir auch eine deutliche Herabsetzung der Widerstandskraft gegen Infektionen. Das heißt, daß der Betreffende jedesmal, wenn jemand im Umkreis von hundert Metern niest, eine Erkältung bekommt. Zuweilen beobachten wir auch ein hormonales Ungleichgewicht, was sich in Form einer Schilddrüsenunterfunktion, geringer Blutzuckerwerte (Hypoglykämie) und/oder Menstruationsproblemen auswirkt. Diese Möglichkeiten bestehen, wenn sich in unserem Dura-mater-Membran-Beutel ein beträchtliches Loch befindet und das hydraulische Craniosacrale System nicht fähig ist, den Flüssigkeitsverlust auszugleichen.

Der Natur ist mit diesem System ein Meisterwerk gelungen. Wie bereits gesagt, bildet die Dura mater eine wasserdichte Auskleidung innerhalb des Schädels oder der Schädelhöhle. An der Schädelbasis - wo der Schädel auf der Halswirbelsäule sitzt - befindet sich eine Öffnung. Sie ist oval, hat einen Durchmesser von vier oder fünf Zentimetern und liegt, von vorn und auch von der Seite gesehen, etwa in der Mittellinie des Körpers. Diese Öffnung heißt Foramen magnum. Im Lateinischen bedeutet *Foramen* »Öffnung«, und *magnum* »groß«. Es ist ohne weiteres ersichtlich, wie diese Öffnung an der Schädelbasis zu ihrem Namen kam. Sie bietet nämlich dem Rückenmark einen Durchlaß aus dem Schädel in den Rückenmarkkanal. Dort beginnt der Schwanz unserer Kaulquappe. Rings um diese große Öffnung an der Schädelbasis ist die Dura mater überall stark befestigt. Dann formt sie einen langen, grobzylindrischen Schlauch (den Schwanz der Kauzquappe), der durch den Rückenmarkkanal hinabfällt, als wäre er an seinem Befestigungsring um die große Öffnung (dem Foramen magnum) aufgehängt. Nun haben wir also die Wirbelsäule, die den Rückenmarkkanal formt, durch den der Schlauch der Dura mater läuft. Innerhalb dieses Dura-mater-Schlauchs befinden sich die früher erwähnte Arachnoidmembran und die Pia mater. Wir haben es also mit Schläuchen innerhalb von Schläuchen zu tun, in denen das sehr empfindliche Rückenmark vom Kopf, wo es eine Verlängerung des Gehirns ist, bis hinunter ins Kreuz führt.

Der äußerste Schlauch, der von den Wirbeln des Rückgrats gebildet wird, besteht natürlich aus Knochen, zähen Bändern und anderen Stützgeweben. Die äußerste Membranschlauchschicht (die Dura mater) ist im Inneren des knöchernen Kanals nur an wenigen Orten befestigt, zum Beispiel auf der Vorderseite dieses Dura-mater-Schlauchs an zwei Stellen der oberen Halswirbel. Dann ist dieselbe Dura mater auch im unteren Rücken angemacht. Im einzelnen handelt es sich um

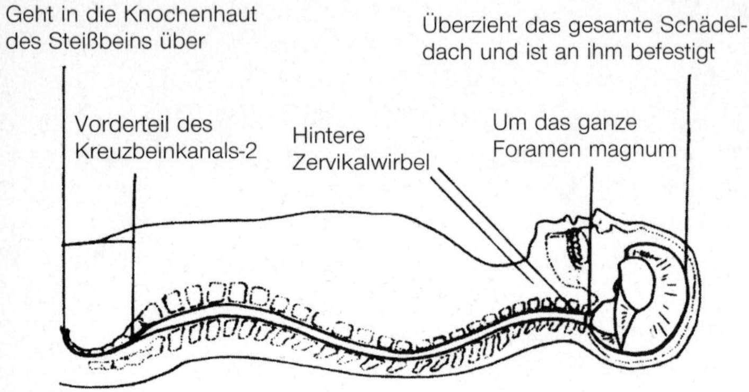


*Abbildung 7:*
Befestigungspunkte der Dura mater (Detail).

Befestigungen am Steißbein und an der Vorderseite des dreieckigen Knochens, der zwischen den Beckenknochen sitzt und als Kreuzbein bezeichnet wird. Innerhalb des Sacrum läuft der Rückenmarkkanal weiter und öffnet sich etwa vier Fünftel des Wegs abwärts nach hinten. Die Dura mater ist innerhalb dieses Kanals da und dort am Kreuzbein befestigt. Dann tritt sie aus der Öffnung in der unteren Rückseite des Kreuzbeins hervor und verbindet sich mit dem Steißbein, dem Coccyx.

Wie sie vielleicht wissen, treten vom Rückenmark auf seinem ganzen Weg durch den Rückenmarkkanal von der oberen Halswirbelsäule bis hinab zum unteren Rücken zwischen allen Wirbeln Nervenwurzeln aus. Die Wirbelsäule hat vom Kreuzbein bis hinauf zum Schädel 24 Wirbel. Im Kreuzbeinkanal hat es ebenfalls kleine Löcher, aus denen die Rücken-

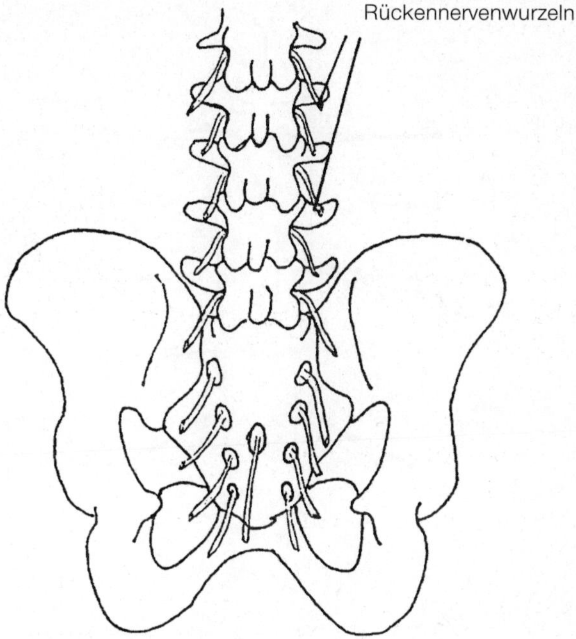


*Abbildung 8:*
Rückansicht des Kreuzbeins und der unteren Rückgratwirbel mit dem Austritt der Rückenmarknervenwurzeln aus dem Rückenmarkkanal.

marknervenwurzeln austreten, bevor das Steißbeinende der Membran durch die untere Öffnung des Rückenmarkkanals hindurchgeht, die sich im Kreuzbein befindet.

Diese Nervenwurzeln gehen vom Rückenmark aus und verlängern sich lateral nach rechts und links zwischen den Wir-

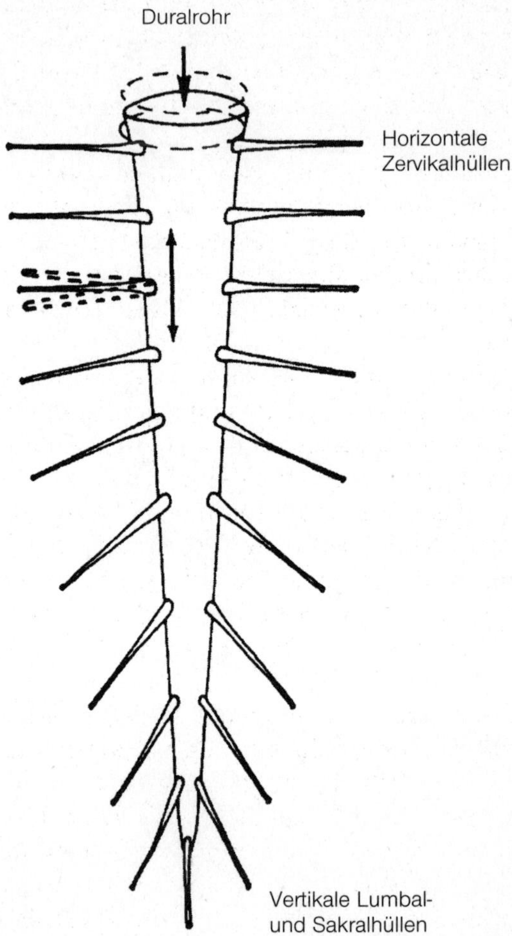


*Abbildung 9:*
Die Mechanik der Duralscheiden, die eine Abwärts- und Aufwärtsbewegung des Duralschlauches im Rückenmarkkanal erlaubt.

beln und durch die Löcher (foramina) im Kreuzbein. Das wunderbar entworfene Membransystem begleitet jede dieser Nervenwurzeln mehrere Zentimeter rechts und links hinaus, bis sie dann in den Körper münden, wo sie die ihnen zustehenden Aufgaben erfüllen. Nachdem die Dura mater (die, wie Sie sich erinnern werden, die äußerste der Membranen ist) der Nervenwurzel ein Stückchen weit gefolgt ist, bildet sie ein wasserdichtes Siegel, das verhindert, daß die Zerebrospinalflüssigkeit aus dem Craniosacralen System ausfließt. Diese Membranhüllen sind nicht so eng, daß sie die Bewegung der Dura mater innerhalb des Rückenmarkkanals behindern würden.

Außerdem muß man wissen, daß die Zerebrospinalflüssigkeit im Inneren der Dura mater als Gleitmittel zwischen den drei Membranschichten innerhalb des Rückenmarkkanals dient. Es gibt auch eine Gleitflüssigkeit außerhalb der Dura mater, also zwischen ihr und den Knochen des Rückenmarkkanals. Diese Gleitflüssigkeiten halten die Membrane gegenseitig und auch in bezug auf die Wirbel geschmeidig, was wichtig ist, wenn wir bei unseren täglichen Aktivitäten unseren Körper beugen und drehen. Wird die Fähigkeit der Membranen, frei zu gleiten, teilweise eingeschränkt, schmerzt das höllisch, und wir können den Rücken nicht mehr bewegen.

Eine der ernsthaftesten Erkrankungen, die eine Einschränkung der Gleitfähigkeit der Membranen zur Folge haben, ist die sogenannte »Arachnoiditis«. Es handelt sich um eine Entzündung der mittleren Membran (Arachnoidea oder Spinnengewebshaut) der Meningen. Eine solche Entzündung ist eine absolute Qual. Keine Position bleibt schmerzfrei, und es gibt außer Betäubungsmitteln kein Medikament, das Linderung brächte. Ist die Entzündung abgeklungen, kommt es häufig zu Verklebungen, die verhindern, daß sich die Membranen frei gegeneinander bewegen können. So schmerzt es weiterhin höllisch, aber man findet wenigstens eine oder zwei verhältnismäßig komfortable Positionen. Man bewegt sich einfach nicht, weil es zu sehr weh tut.

Wir haben festgestellt, daß wir diesen Zustand erheblich erleichtern können, wenn wir die oberen Halswirbel, das Kreuzbein und das Steißbein manipulieren. Wir verwenden diese Knochen als natürliche Hebel an der Dura mater und beginnen vorsichtig, das Membransystem im Rückenmarkkanal auf- und abwärtszubewegen, um die Flüssigkeitszirkulation zwischen den Membranschichten wieder anzuregen und die Membranschichten voneinander zu lösen. Der Schmerz verstärkt sich gewöhnlich bei dieser Behandlung, weil sich die ungeschmierten Membranschichten aneinander reiben, aber wir können so Verklebungen lösen. Dies fühlt sich etwa so an, als würde man zwischen eines Ihrer Gelenke Schmirgelpapier schieben. Das Endergebnis ist jedoch eine Linderung der Schmerzen und eine weitgehende Wiederherstellung der Funktionstüchtigkeit Ihres Körpers.

Weitere Gründe für eine Beeinträchtigung der frei gleitenden Bewegung der Dura mater im Rückenmarkkanal und der Membranen gegeneinander sind Verklebungen nach operativen Eingriffen am Rückenmark oder an den Meningen, die Injektion von Kontrastfarbe in den Rückenmarkkanal, wenn bei Verdacht auf einen Bandscheibenriß ein Myelogramm erstellt werden soll, ein Einstich in den Rückenmarkkanal bei einer Lumbalpunktion und dergleichen. Jeder Eingriff, der ein Eindringen in die Privatsphäre des Rückenmarkkanals und des benachbarten Membransystems darstellt, kann zu einer Bewegungsbeeinträchtigung der meningealen Membranen führen.

Hier möchte ich Ihnen von einem Erlebnis berichten, das mir neue Möglichkeiten zur Behandlung vieler Arten von Kopfschmerzen zeigte. Während unserer Arbeit an der Michigan State University zur Erforschung des Craniosacralen Systems, seiner Abklärung und Behandlung, untersuchten wir

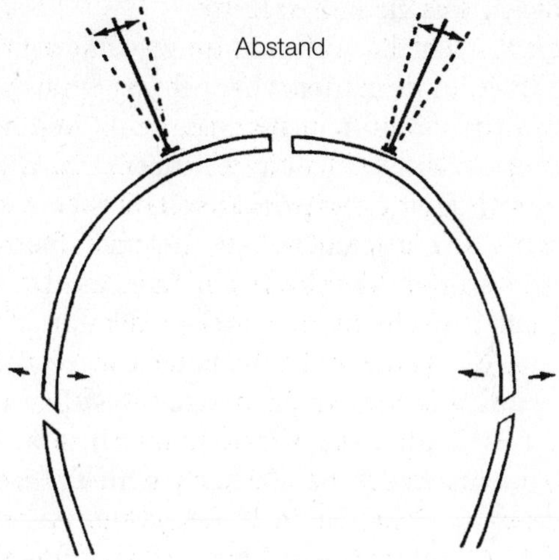


*Abbildung 10:*
Bewegungsmodell der Schädelknochen bei einem Affen.

die Bewegungen der Schädelknochen bei lebenden, anästhesierten Affen. Wir konnten die Bewegungen der Schädelknochen sehr gut sehen und zeichneten sie auf.

Während dieser Arbeit kam mir die Idee, wir könnten überprüfen, ob wir es mit einem einzigen und durchgehenden hydraulischen System vom Schädel bis zum Steißbein zu tun hatten oder nicht. Wir wußten, daß sich die Dura mater durchgehend vom Schädel bis zum Steißbein erstreckte, aber an der Schädelbasis war sie rundum am Foramen magnum (der großen Schädelöffnung) befestigt. War hier eine Grenze, die zwei funktional getrennte hydraulische Systeme schuf? Wenn es sich so verhielt, hatten wir es mit einem System oberhalb und einem zweiten unterhalb des Foramen magnum im Rückenmarkkanal zu tun.

Wir brachten unsere Aufzeichnungsinstrumente an den zwei Scheitelbeinen des Affenschädels an. Sie waren über je einen winzigen Einschnitt links und rechts des Affenkopfes direkt auf den Schädelknochen montiert. Um die Frage zu klären, ob es ein oder zwei hydraulische Systeme gab, mußte ich nun nur noch sehr leicht mit den Spitzen meiner kleinen Finger gegen das Steißbein des Affen drücken. Die Bewegung der Affenschädelknochen stoppte augenblicklich durch den Druck auf das Steißbein, und das hatte ausgereicht, um den Flüssigkeitstransport im Craniosacralen System des Affen zu unterbrechen. Der Affe saß in einem speziellen Narkosestuhl, der ihn in einer sitzenden Stellung festhielt. Meine Fingerspitze drückte vielleicht mit so viel Kraft auf sein Steißbein, die es gebraucht hätte, um eine halbe Unze aufzuheben; dann hörte die Bewegung seiner Schädelknochen auf. Ich fand heraus, daß ich die Bewegung seiner Schädelknochen willkürlich unterbrechen und wieder in Gang setzen konnte, indem ich leicht auf sein Steißbein drückte.

Da fiel mir ein, daß eine zusätzliche Spannung auf das Dura-mater-System im Rückenmarkkanal auftreten könnte, wenn man auf das Steißbein fiel, es sich nach vorn verbog und in dieser Stellung blieb. Diese erhöhte mechanische Membranspannung in Verbindung mit der Störung der hydraulischen Funktion des Craniosacralen Systems könnte Kopfschmerzen verursachen.

Wer würde glauben, daß ein Sturz auf das Steißbein noch Jahre später Kopfschmerzen erzeugen könnte? Ich überprüfte diese Idee bei mehreren Kopfschmerzpatienten. Wenn ich erfuhr, daß ein Steißbein nach vorn gedrückt worden war, und ich es wieder in seine normale Lage bringen konnte, verschwanden die Kopfschmerzen in mehr als der Hälfte aller Fälle sogleich. Dann rief ich – um den ursächlichen Zusammenhang zu beweisen - die Kopfschmerzen wieder zurück, indem ich das Steißbein erneut nach vorn drückte. Meistens mußte ich es mehrmals nach vorn drücken, dann wieder in seine normale Lage bringen, um zu bewirken, daß die Kopfschmerzen synchron mit der Steißbeinposition kamen und gingen, um dem Patienten zu beweisen, daß seine Schmerzen vom anderen Ende herrührten. Wenn die Patienten von dieser Kopf-Steißbein-Beziehung überzeugt waren, erinnerten sie sich in der Regel an einen Sturz auf das Steißbein, der dem Auftreten der Kopfschmerzen um Monate oder sogar Jahre vorausgegangen war. Warum lassen die Kopfschmerzen so lange auf sich warten? Ich vermute, es liegt daran, daß der Körper die Folgen des Unfalls eine Weile kompensieren kann. Wenn er jedoch geschwächt ist und seine Anpassungsfähigkeit verliert, treten die Symptome auf.

# 23 *Wie Abklärung und Behandlung des Craniosacralen Systems durchgeführt werden*

Wir wollen uns nun anschauen, wie wir an diese Dura mater, die eine wasserdichte Barriere/Grenze des hydraulischen Systems in uns bildet, herankommen können. Wir haben es das Craniosacrale System genannt, weil wir an ihm meistens über die Knochen des Craniums (Schädels), den oberen Nacken, das Sacrum (Kreuzbein), den unteren Rücken und das Steißbein (Coccyx) arbeiten.

Die Menge oder das Volumen der Zerebrospinalflüssigkeit innerhalb des Dura-mater-Beutels nimmt rhythmisch mit einer Rate von etwa zehn Zyklen pro Minute zu und ab. Diese Zu- und Abnahme des Flüssigkeitsvolumens muß durch das System ausgeglichen werden, so daß ein übermäßiger hydraulischer Druck nicht auf seine Inhalte übertragen wird - vor allem nicht auf das Gehirn und das Rückenmark. Diese Organe liegen innerhalb unseres hydraulischen Systems. Gehirn und Rückenmark sind extrem empfindlich. Ihre Funktion kann nicht nur durch abnormale Druckveränderungen gestört werden, sie reagieren auch sehr empfindlich auf chemische Veränderungen in ihrem Umfeld. Ungünstige chemische Veränderungen können von abnormen Druckverhältnissen herrühren. Dazu gehört eine Hyperazidität der Zerebrospinalflüssigkeit. Ein erhöhter oder abnormaler Flüssigkeitsdruck kann die Verteilung von Nährstoffen und die Beseitigung von Abfallprodukten stören. Außerdem hängen die Leistungen von Gehirn und Rückenmark weitgehend von der Erzeugung und Weiterleitung elektrischer Ströme ab. Druckveränderungen vermindern die elektrische Leitfähigkeit, die Spannungserzeugung und die Leistungsspeicherung.

In Anbetracht dieser Tatsachen lautet die Frage: »Wie paßt sich der wasserdichte Dura-mater-Beutel an die rhythmischen Flüssigkeitsdruckschwankungen an?«

Für Laien sei gesagt, daß sich die Membran innerhalb des Rückenmarkkanals recht frei auf- und abwärtsbewegen kann. Meine eigenen Beobachtungen bei operativen Eingriffen deuten darauf hin, daß diese Dura-mater-Schläuche meistens etwa einen oder zwei Zentimeter innerhalb des Rückenmarkkanals auf- und abwärtsgleiten können.

Dies gilt zumindest für die Lendenregion, wo ich die meisten meiner Beobachtungen machte. Es ist der Teil des Rückgrats, der sich unterhalb der Rippen bis zum Kreuzbein hin erstreckt. Das Kreuzbein ist ein dreieckiger Knochen hinten zwischen den Darmbeinen. Die Anpassung des Craniosacralen Systems an Flüssigkeitsdruckveränderungen findet teilweise im Rückenmarkkanal statt. Wie wir gesehen haben, hörten die Knochen des Affenschädels auf, sich im Craniosacralen Rhythmus zu bewegen, als ich das Kreuzbein des Tieres durch Fingerdruck an der Bewegung hinderte. Diese Beobachtung zeigt und bestätigt die Einheit des hydraulischen Systems vom Schädeldach bis zum Steißbein. Sie zeigt auch, daß der Flüssigkeitsdruck im hydraulischen Craniosacralen System genügend ansteigt, um die Bewegungen der Schädelknochen zu stoppen, wenn man das untere (sacrale) Ende des Systems an der Bewegung hindert. Das Kopfende des Systems war wahrscheinlich unfähig, sich zwischen den Füllphasen des Craniosacralen Systems zu entspannen. Es ist klar, daß ein Teil der Anpassung dem Schwanzende des Dura-mater-Schlauchs im Inneren des Rückenmarkkanals zufällt. Dieser Schlauch hat am unteren Ende das Kreuz- und das Steißbein als knöcherne Haltegriffe. Wir haben gelernt, wie wir diese Griffe zum Abklären und bei der korrigierenden Behandlung benutzen können.

Wie steht es mit dem Kopfende des Systems? Sie haben bei

einigen meiner früheren Ausführungen von Bewegungen der Schädelknochen gelesen. Wir sahen, wie sich die Schädelknochen des Affen bewegten. Wir spürten, wie sich menschliche Schädelknochen unter unseren Händen bewegen. Ich habe in der Osteopathic Medical School gelernt, daß alle Schädelknochen (spätestens) beim Eintritt in die Pubertät fest zusammengewachsen sind.

Das wäre ungefähr so, als hätten wir über unserem Hals einen einzigen, soliden Knochen - mit Ausnahme des Unterkiefers, der beweglich geblieben ist, und der winzigen Knochen im Mittelohr, die je nach Art der Töne vibrieren und sich bewegen. Mit anderen Worten, mein Schädel sollte in meinem gegenwärtigen Alter buchstäblich so solide wie eine Kokosnußschale sein, in der das Gehirn ruht. Aber so ist es einfach nicht. Unsere Forschungen an der Michigan State University (1975-1982) haben zweifelsfrei erwiesen, daß sich die Schädelknochen das ganze Leben hindurch bewegen. Diese Bewegung läßt sich bei Babies viel leichter beobachten. Viele von Ihnen sind Eltern oder hatten schon einmal Gelegenheit, ein Baby in den Armen zu halten. Sie erinnern sich sicherlich an »weiche Stellen« am Kopf des Kindes. Diese weichen Stellen werden richtiger als Fontanellen bezeichnet. Die Fontanellen sind in Wahrheit die Stellen, an denen sich die Schädelknochen noch nicht so weit ausgedehnt haben, daß sie eine harte Knochenschutzschicht bilden, die das Gehirn des Babies schützen soll. Es ist die Dura mater, mit eingeschlossen die zerebrospinale Flüssigkeit, die Sie unter der Haut fühlen können, wenn Sie leicht einen Finger auf eine dieser weichen Stellen am Kopf des Babies legen. Es ist ein seltsames und ein wenig unheimliches Gefühl, dem Gehirn des Kleinkindes so nahe zu sein.

Während seiner Entwicklung im Uterus war das Gehirn anfangs nur durch diese Dura mater geschützt. Dann begann diese Membran, an ihrer Oberfläche - zwischen ihr selbst

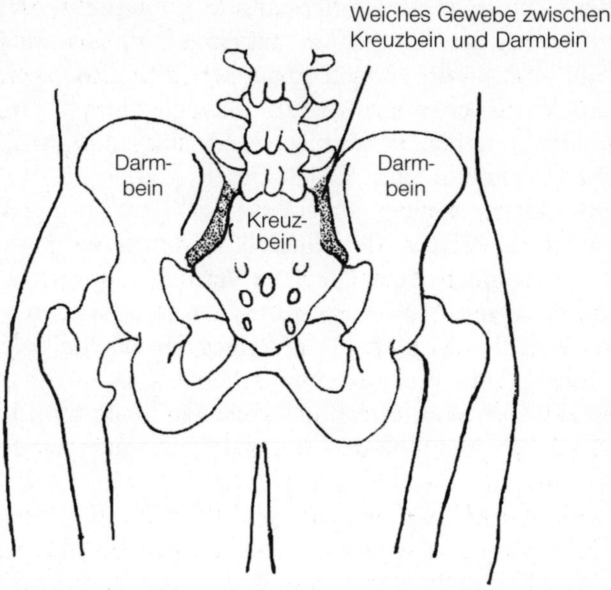


*Abbildung 11:*
Rückansicht des Kreuzbeins zwischen den Darmbeinen.

und den Kopfhautgeweben - Knochengewebe auszubilden. Das Knochenwachstum begann in ganz bestimmten Wachstumszentren auf der Dura mater. Dort entwickelte sich allmählich ein System von Schädelknochem, die einen vollständigen knöchernen Schutz für das Gehirn darstellten. Die weichen Stellen, die Sie auf dem Kopf eines Babies spüren können, verschwinden in den ersten Wachstumswochen und -monaten. Aber die Knochen verbinden sich nicht fest miteinander, wie wir es im Anatomieunterricht gelernt haben. Ein paar amerikanische Anatomen anerkennen diese Tatsache heute. Die Ränder der Schädelknochen kommen einander sehr nahe und berühren sich sogar, aber die Knochen bewegen sich unter normalen Bedingungen minimal und ein Leben lang, um den rhythmischen Anstieg und Abfall im Flüssigkeitsvolumen und -druck des hydraulischen Craniosacralen Systems auszugleichen.

Die Orte, an denen die Schädelknochen zusammenkommen, sind eigentlich sehr spezielle Verbindungsstellen. Man bezeichnet sie als »Nähte«. Es gibt sie in mehreren und sehr unterschiedlichen Mustern. Der Verlauf der Schädelnaht sagt etwas über die Art ihrer Bewegungsmöglichkeit aus. Eine dieser sehr wichtigen Schädelnähte ist die Pfeilnaht. Dort treffen die beiden Scheitelbeine des Schädels zusammen. Die Naht zwischen diesen beiden Knochen verläuft von vorn nach hinten über die Mittellinie des Schädeldaches. Sie beginnt ungefähr 13 Zentimeter über der Augenbrauenlinie und reicht bis etwa 7 bis 10 Zentimeter an die Haargrenze am Hinterkopf heran. Diese Naht ermöglicht eine Erweiterung oder Verengung des Kopfes und somit eine Anpassung an die Schwankungen des Flüssigkeitsvolumens im Inneren. Die Naht hat die Form ineinander verschränkter Finger. So können sich die Knochen erweitern und verengen, und zugleich verhindert diese Naht eine Scherbewegung, die möglich wäre, wenn eines der Scheitelbeine sich nach vorn bewegte und das andere rückwärts. Diese Beschaffenheit der Naht und die Bewegung, die sie zwischen den Scheitelbeinen erlaubt, hat große Ähnlichkeit mit den Dehnungsfugen, die man an Brücken, Straßen, Gebäuden und so weiter findet und die Veränderungen in der Ausdehnung durch Temperaturschwankungen der Luft, Sonneneinstrahlung, Eisbildung und dergleichen zulassen.

Unsere Untersuchungen haben gezeigt, daß sich unter normalen Bedingungen alle Knochen des Schädels rhythmisch bewegen, um die Schwankungen des Flüssigkeitsvolumens im Dura-mater-Beutel auszugleichen, der unser hydraulisches Craniosacrales System bildet. Wir haben beobachtet, daß Verletzungen und einige Erkrankungen zu einem Verlust dieser normalen Bewegung der Schädelknochen führen können. Wir haben gesehen, daß wir die Höhe des Schädels über dem Gaumendach, den Kopfdurchmesser, in einigen Fällen den Abstand der Ohren und manchmal auch die Höhe der Wangenknochen wirklich verändern können, indem wir die Techniken anwenden, die wir zur Manipulation und Korrektur »festsitzender« Schädelknochen entwickelt haben.

Da die Dura mater den ganzen Schädel auskleidet und fest mit der Innenseite der Schädelknochen verbunden ist, können wir diese Knochen als Griffe an der Dura mater benutzen, um die Membranspannungen und die Funktionsweise des Craniosacralen Systems als Ganzes therapeutisch zu verändern.

Ich wäre nicht allzu überrascht, wenn Sie mich an diesem Punkt für recht dreist hielten, von ihnen zu verlangen, meiner Behauptung Glauben zu schenken, die Knochen Ihres Schädels würden sich unter normalen Bedingungen während Ihres ganzen Lebens bewegen. Möglicherweise halten Sie mich für einen unverschämten Egomanen, wenn ich Sie bitte, mir zu glauben, da ich ja eben diese klassische Auffassung der Anatomen widerlege, die auf Hunderte von Jahren zurückliegenden Vorstellungen beruht. Erlauben Sie mir, Ihnen zu erklären, wie ich dazu gekommen bin, so von Schädelknochen und Flüssigkeitsdruck zu sprechen.

Wir wollen mit der Frage beginnen: »Warum sahen Neuro- und Gehirnchirurgen das Phänomen nicht, das mir aufgefallen war, als wir Delbert am Nacken operierten?« Zunächst einmal beginnt Gehirnchirurgie in den meisten Fällen damit, daß eine Reihe von Löchern in den Kopf des Patienten gebohrt werden. Die Innenauskleidung des Schädels besteht aus der wasserdichten Dura mater, und diese Membran muß unversehrt bleiben, damit das hydraulische Craniosacrale System arbeiten kann. Die Bohrlöcher zerstören sofort dieses intakte System. Es gibt somit keinen inneren Flüssigkeitsdruck mehr, der ansteigen und abfallen könnte, so daß die Chirurgen, ihre Assistenten und Krankenschwestern das Phänomen hätten beobachten können. Sie werden sich erinnern, daß eines unserer Ziele bei Delberts Operation war, seine Dura mater weder anzuschneiden noch anzuritzen, um nicht einer Infektion Vorschub zu leisten, die sich zu einer Meningitis hätte entwickeln können. Nun galt meine persönliche Aufmerksamkeit entschieden der Bewegung der Dura mater, weil es meine Aufgabe war, sie stillzuhalten. Ich habe 45 unvergeßliche Minuten meines Lebens damit verbracht, mich mit den Bewegungen der Membran vertraut zu machen. Ich habe mich mit eigenen Augen davon überzeugt, wie anhaltend und rhythmisch diese Bewegungen waren. Aber selbst in Fällen, in denen die Membran intakt ist und das Craniosacrale System normal funktioniert, ist es nicht sehr wahrscheinlich, daß die bei der Operation Anwesenden diese Membranbewegungen wahrnehmen. Bei operativen Eingriffen ist der emotionale Druck hoch, und die Aufmerksamkeit aller Beteiligten konzentriert sich in hohem Maß auf spezifische Aufgaben.

»Weshalb lehrt die klassische Anatomie, die Schädelknochen wären bei unserem Eintritt ins frühe Erwachsenenalter an den Nähten fest und starr miteinander verbunden?« Ich nehme an, auf diese Frage gibt es eine einfache Antwort. Vor langer Zeit schien es so zu sein. Es gab wirklich kaum einen Anlaß, die Vorstellung einer festen Verbindung der Schädelnähte anzuzweifeln. Die Bewegungen sind sehr minimal - in der Größenordnung von anderthalb bis drei Millimetern -, lassen sich durch geringen Druck leicht stoppen und sind mit dem Auge nur sehr schwer wahrnehmbar. Man kann sie viel leichter mit den Händen fühlen. Lassen Sie mich nun erzählen, was wir während unserer Forschungen entdeckten. Als erstes studierten wir Knochen- und Nahtprobestücke aus dem Anatomielabor, die in der Tat so aussahen, als wären sie verschmolzen. Dann hatten wir den glänzenden Einfall, daß die Sache vielleicht anders aussehen würde, wenn wir kleine Proben von Schädelnähten untersuchten, die lebenden Menschen während einer Gehirnoperation entnommen worden waren. Diese Exemplare waren gefroren und nicht mit Konservierungsmitteln behandelt worden. Wir haben jedes von ihnen innerhalb von zwölf Stunden nach dem operativen Eingriff untersucht. Was für ein Unterschied! Die Probestücke in den Anatomielabors stammten von Schädeln, die in Formaldehyd konserviert worden waren. Wir untersuchten sie Monate oder sogar Jahre nach dem Tod des Spenders. Die frischen Nahtstücke waren voller elastischer Gewebe und Kollagene, Nerven und Blutgefäße. Sie waren in einem sehr lebendigen Zustand und würden höchstwahrscheinlich als Gelenke fungieren, die einen gewissen Grad an Beweglichkeit zwischen den Rändern der zwei Schädelknochen ermöglichen. Die alten Nahtproben aus dem Anatomielabor hatten das Besondere dieser elastischen Gewebe, der Nerven und der Blutgefäße verloren. Diese Gewebe und Knochen waren völlig wertlos und sahen wie eine einzige verkalkte Masse aus. Kein Wunder, daß Anatomen Schädelnähte nicht als bewegliche Verbindungen betrachteten.

Ich möchte Ihnen gern noch eine andere Erfahrung in bezug auf die Bewegungen von Schädelknochenverbindungen mitteilen. Im Sommer 1978 war ich als Gastprofessor nach Israel eingeladen. Ich folgte der Einladung, um meine Forschungen mit Dr. Karni fortzusetzen, einem Biophysiker, der in den drei vergangenen Jahren an der Michigan State University gewesen war. Während meines Aufenthalts in

Israel wurde ich zu einem Einführungsvortrag vor dem Krankenhausstab in Haifa eingeladen mit dem Thema: Craniosacrale Therapie und ihre Wirkung bei Kindern mit Lernschwächen. Ich war ein wenig nervös, weil es sich um ein neues und recht revolutionäres Konzept handelte. Ich erwartete sehr scharfe und gezielte Fragen aus der Zuhörerschaft, die aus Ärzten und Naturwissenschaftlern bestand. Ich präsentierte meine Theorie über die ständige Bewegung der in gegenseitiger Beziehung stehenden Schädelknochen. Ich führte Diapositive von mikroskopischen Nahtschichten und dergleichen vor - bis zur Erschöpfung.

Ich erhielt nicht viel Resonanz. Keine einzige Frage wurde gestellt. Ich glaubte, nicht verstanden worden zu sein, und wollte diesen Teil des Vortrags wiederholen. Dr. Gidron, ein Freund von mir, der den Vortrag arrangiert hatte, sah meine Verwirrung. Er unterbrach mich sehr höflich und schlug eine Kaffeepause vor, bevor ich zum nächsten Punkt übergehen würde. Ich beruhigte mich. Er nahm mich in die Krankenhausbibliothek mit und holte ein 1920 erschienenes Anatomiebuch von Professor Guiseppe Sperino aus dem Regal. Er fragte mich, ob ich Italienisch verstehe, was nicht der Fall war. Dann übersetzte er mir einige Stellen aus diesem alten Anatomiebuch. Professor Sperino hatte im Jahr 1920 schon festgestellt, daß sich die Schädelknochen das ganze Leben über bewegen, es sei denn, es lägen abnormale oder pathologische Bedingungen vor. Ich hatte diesen netten Ärzten und Wissenschaftlern etwas gepredigt, das sie bereits wußten und als gegeben annahmen. Welch eine Lektion! Wir hatten in Michigan das Rad neu erfunden! Wie weitere Nachforschungen ergaben, waren italienische Anatomen schon vor vielen Jahren zu der Überzeugung gelangt, daß Schädelnähte das ganze Leben hindurch die Beweglichkeit der Schädelknochen gewährleisten. Die englischen Anatomen hatten angenommen, daß die Schädelknochen im frühen Erwachsenenalter fest miteinander verschmelzen und sich danach nicht mehr unabhängig voneinander bewegen können. Die Amerikaner haben Anatomie zum größten Teil von englischen Lehrern übernommen. Diese israelischen Ärzte und Naturwissenschaftler hatten hauptsächlich von italienischen Schulen gelernt. Offenbar war die englisch-italienische Verständigungslinie gestört gewesen. Es ist sehr nützlich, sich an diese Lektion zu erinnern, wenn man nach der Wahrheit sucht.

Ich habe dieses Kapitel mit der Frage begonnen, was wir einsetzen können, um das hydraulische Craniosacrale System abzuklären und seine Funktion wiederherzustellen. Die Antwort haben wir jetzt. Wir verwenden vor allem die Knochen, an denen die Dura mater befestigt ist, um mit dem hydraulischen Craniosacralen System zu arbeiten.

# 24 Weitere Anwendungsbereiche für die Craniosacrale Therapie

Die Craniosacrale Therapie läßt sich sehr gut mit anderen Therapieformen kombinieren. Wie das zu geschehen hat, entscheidet in jedem einzelnen Fall das klinische Urteil des Therapeuten. Meistens ist es eine Ergänzung zu anderen Behandlungsformen - keine Alternative.

Ein Wort zum Training für Laien. Das ShareCare-Programm ist ein praktischer, eintägiger Workshop, um die Techniken für den Hausgebrauch zu vermitteln. Die Workshops werden von der Upledger Foundation angeboten, und die Lehrer sind Craniosacrale Therapeuten aus der Gegend. Das Programm ist in den Vereinigten Staaten sowie in Kanada, Europa, Neuseeland und Japan erhältlich.

## Akute Infektionsbereitschaft des Systems

Die Stillpoint-Technik (CV-4), die im ShareCare-Workshop gelehrt wird, ist sehr hilfreich bei der Fiebersenkung und um dem Patienten über die »Krise« bei Infektionskrankheiten wie Masern, Windpocken, Grippe und dergleichen hinwegzuhelfen. In der Regel wird der Stillpoint zwei- oder dreimal wiederholt. Das Fieber sollte innerhalb einer Stunde nach der Behandlung nachlassen. Dies würde eine Veränderung oder Umkehrung des Krankheitsprozesses anzeigen. Steigt das Fieber wieder an, wird die Stillpoint-Prozedur wiederholt. Die CV-4-Technik beeinflußt das autonome Nervensystem und fördert das Fließen der Flüssigkeit. In Verbindung mit einer herkömmlichen Behandlung und anderen unterstützenden Maßnahmen beschleunigt die CV-4-Technik oft den Erholungsprozeß.

## *Örtliche Infektionen, Verstauchungen, Zerrungen, Beulen und Quetschungen*

Seit Jahrhunderten bitten Kinder ihre Mütter, »ihre Auas wegzumachen«. Wir haben gesehen, daß man mit einer stark verfeinerten Version dessen, was Mütter instinktiv tun, dramatische Wirkungen erzielen kann. Wir wenden die Technik der »Energielenkung« an (die ebenfalls in den ShareCare-Workshops gelehrt wird).

Im Grund ist die Technik der »Energielenkung« sehr einfach. Sie legen eine Hand (Hand 1) auf die der Quetschung oder Schnittwunde, dem Furunkel oder Abszeß, der Verstauchung oder Zerrung, Infektion oder Beule gegenüberliegende Seite. Weisen Sie nun mit diesen Fingern auf die Stelle der Beschwerde, so daß Sie Energie dorthin lenken. Diese Finger (einer, zwei oder drei) liegen in einem annähernd rechten Winkel zur Hautoberfläche. Nun wölben Sie die andere Hand (Hand 2) über der betroffenen Stelle, so daß die Handränder die umliegende Haut, aber nicht die Stelle selbst berühren. Stellen Sie sich vor, daß Energie von Hand 1 zu Hand 2 fließt. Die schmerzende Stelle beginnt zu pulsieren, während die Energie von Hand zu Hand fließt. Nach einigen Minuten verringert sich der Puls; der Bereich der Verletzung wird weich, und die Beschwerden nehmen ab. Diese Behandlung wird zwei- bis dreimal täglich wiederholt, bis die Symptome nachlassen und das betroffene Gewebe besser aussieht. Wir stellen uns den Vorgang so vor, daß wir eine Kraft aussenden, die die natürliche Verteidigung des Körpers stärkt und den Heilprozeß beschleunigt.

Die Technik der »Energielenkung« ist auch sehr effektiv in Verbindung mit Techniken, die Gewebespannungen bei akuten

Verstauchungen und Zerrungen lindern. Der betroffene Körperteil bewegt sich durch die Ausgangslage während der Verletzung zurück bis hin zu einem Release. Es ist, als betrachte man einen Film, der rückwärts läuft. In der Position, in der der Verletzungs-Release erfolgen kann, stoppt der Craniosacrale Rhythmus, und das Gewebe wird dann weicher, wenn sich das Energiemuster der Verletzung auflöst. Dann setzt der Craniosacrale Rhythmus wieder ein und normalisiert sich.

Man kann den Craniosacralen Rhythmus auch am ganzen Körper abklären, um weniger offensichtliche Verletzungen zu lokalisieren, die zu der sichtbaren Verstauchung oder Zerrung beitragen. Die Symptome treten nicht immer am Ort der Verletzung auf. Wenn die Verstauchung oder Zerrung sich mit der »Energielenkungs-Technik« nicht rasch bessert, mag eine Durchleuchtung und eine genauere ärztliche Untersuchung angezeigt sein.

## *Das Chronische-Schmerzen-Syndrom*

Chronische Schmerzen reagieren positiv auf eine Kombination der Technik der »Energielenkung« und anderen Craniosacralen und sonstigen Techniken, wie wir sie zuvor beschrieben haben. Wir kombinieren die Craniosacrale Therapie oft mit einem Energiezysten- und SomatoEmotional Release, Therapeutischen Bildern und Dialog sowie - in schweren Fällen - Prinzipien der Akupunktur.

## *Arthritis*

Viele Arthritisarten reagieren gut auf einen ganzheitlichen und multidisziplinären Ansatz. Wir wenden häufig Akupunktur, Ernährungsumstellungen und herkömmliche Behandlungsmethoden als Allgemeinprogramm an. Wir haben gute Ergebnisse erzielt, wenn ein Familienmitglied täglich zu Hause die CV-4-Technik praktiziert. Der oder die Betreffende kann die Technik leicht lernen. Sie erfordert rund 15 Minuten pro Tag. Die CV-4-Technik stärkt das Immunsystem und fördert die Ausscheidung giftiger Abfallprodukte aus dem Körper. Sie nützt jedermann.

## *Emotionelle Störungen*

Einige emotionelle Störungen sprechen sehr gut auf die Craniosacrale Therapie an. Eine Depression wird in der Regel durch eine bestimmte Kombination aus drei Craniosacralen Dekompressionstechniken gelindert. Eine wird am unteren Rücken angewandt, zwei weitere an spezifischen Kopfbereichen. Diese Behandlung erfordert spezielles Wissen, deshalb überläßt man sie am besten einem Therapeuten, der in Craniosacraler Therapie Erfahrung hat.

Angstzustände scheinen keinem bestimmten Muster zu folgen. Die Stillpoint-Technik (CV-4) ist sehr gut geeignet, Angst vorübergehend zu lindern, aber tiefsitzende Ursachen der Angst müssen aufgelöst werden. Die CV-4-Technik ist mit einer Pille vergleichbar, die man schluckt. Sie verschafft kurzfristig Erleichterung, löst aber das Problem nicht. Der SomatoEmotional Release findet oft einen Weg zum Ursprung der Angst.

## *Skoliose*

Skoliose (seitliche Rückgratverkrümmung) kann viele unterschiedliche Ursachen haben. Einige von ihnen werden durch Craniosacrale Therapie erfaßt, andere nicht. Man muß erst die Gründe herausfinden, um dann entscheiden zu können, ob diese Therapie erfolgreich sein wird. Die Techniken, die bei der Craniosacralen Therapie und der ihr verwandten Behandlungsmöglichkeiten eingesetzt werden, bieten ausgezeichnete Mittel, die Ursachen der Rückgratverkrümmung aufzudecken. Sobald sie bekannt sind, kann man eine geeignete Behandlungsmethode finden.

## *Ohrprobleme*

Chronische Mittelohrentzündungen reagieren ausgesprochen positiv auf Craniosacrale Therapie. Die Erfolge bei Tinnitus (Ohrenklingen) sind mäßig. Bei Tinnitus ist es schwieriger, Resultate vorherzusagen, als bei allen anderen Ohrproblemen.

## *Zerebrale ischämische Episoden (kleine Schlaganfälle)*

Zerebrale ischämische Episoden sprechen sehr gut auf wöchentliche Craniosacrale Therapiebehandlungen an. Wir haben erhebliche Verbesserungen bei Patienten mit Gedächtnisverlust, Synkopen (Ohnmachtsanfällen) und Parästhesie (abnorme Gefühlsempfindungen an Körperteilen) erlebt.

## *Sehstörungen*

Einige visuelle und augenmotorische Probleme lassen sich durch Craniosacrale Therapie sehr positiv beeinflussen, andere nicht. Es hängt von der Ursache ab. Bei Nystagmus (Augenzittern) kann man die Augen einfach nicht stillhalten. Ich hatte in etwa 25 Prozent dieser Fälle Erfolg. Strabismus ist eine aus dem Griechischen abgeleitete Bezeichnung für Schielen. Ist das Schielen auf mangelhafte Nervenkontrolle des Augenmuskels zurückzuführen, haben wir in über 50 Prozent aller Fälle vollen Erfolg. Ein Glaukom kann so viele Ursachen haben (denken Sie nur an jene Frau, die die eheliche Untreue ihrer Mutter und ihres Mannes nicht sehen wollte), daß jeder Fall individuell behandelt werden muß. Wir erzielten recht gute Resultate und manchmal sogar bemerkenswerte Erfolge bei der Verbesserung der Sehschärfe, dann wieder kam es vor, daß sich gar nichts veränderte. Es hängt eben von der Ursache des Problems ab.

# 25 *Fragen und Antworten*

## *Schwangerschaft und Geburtshilfe*

*Kann eine Craniosacrale Therapie während der Schwangerschaft schaden?*

Nein, sie kann Ihnen nicht schaden und wirkt sich sogar günstig aus, weil eine Craniosacrale Therapie viele der normalen Anpassungsprozesse des Körpers unterstützt. Diese Prozesse sind während der Schwangerschaft besonders wichtig. Craniosacrale Therapie kann sie entschieden unterstützen.

*Ich habe gehört, daß Craniosacrale Therapie die Wehen einleiten kann. Kann sie bewirken, daß die Wehen vorzeitig einsetzen?*

Craniosacrale Therapie unterstützt normale physiologische Prozesse. Richtig angewandt widerläuft sie nie den Absichten Ihres Körpers. Deshalb wird sie niemals bewirken, daß die Wehen vorzeitig einsetzen - es sei denn, mit Ihrer Schwangerschaft stimmt etwas nicht, und Ihr Körper will den Fötus auf natürliche Art abtreiben.

*Kann mir die Craniosacrale Therapie helfen, wenn meine Wehen endlos scheinen?*

Ja, die Craniosacrale Therapie scheint bei anhaltenden Wehen häufig neue Energien zuzuführen. Dies könnte auf viele unterschiedliche Arten geschehen. Aber es spielt eigentlich keine

Rolle, welche dieser Theorien zutrifft - Craniosacrale Therapie führt oft zu einer raschen, natürlichen Geburt.

## *Neugeborene und Säuglinge*

*Ab wann kann man ein neugeborenes Kind mit Craniosacraler Therapie behandeln?*

Das hängt vom Geschick des Craniosacralen Therapeuten ab. Die erste Behandlung kann wenige Minuten nach der Entbindung stattfinden. Je jünger das Neugeborene ist, desto erfahrener muß der Therapeut sein. Die Aktivität des Craniosacralen Systems ist zur Zeit der Entbindung extrem störanfällig, wird aber außerhalb des Mutterleibs von Stunde zu Stunde kräftiger. Der Craniosacrale Therapeut sollte fähig sein, den Craniosacralen Rhythmus des Neugeborenen wahrzunehmen, damit er weiß, was er tut. Für den einen Therapeuten mag eine Stunde nach der Entbindung die richtige Zeit sein, das Kind zu behandeln, für einen anderen mit weniger Erfahrung und weniger entwickeltem Wahrnehmungsvermögen vielleicht ein Tag, eine Woche, ein Monat oder ein Jahr.

*Weshalb sollte ich mein neugeborenes Kind behandeln lassen?*

Craniosacrale Therapie kann Probleme im Craniosacralen System sofort und für immer korrigieren. Die Korrektur dieser Probleme verhindert unter Umständen die Entwicklung von Koliken, Atemschwierigkeiten, Hyperaktivität, Dyslexie, Anfällen, des Floppy-Baby-Syndroms, von Allergien, zudem glaube ich - auch wenn es noch nicht bewiesen wurde -, daß es viele Fälle von zerebraler Lähmung und Skoliose verhindern und Zahnproblemen vorbeugen kann, die im späteren Leben kieferorthopädische Maßnahmen erfordern würden. Ferner hat sich gezeigt, daß die allgemeine Gesundheit des Kindes gekräftigt wird.

## *»Frischgebackene« Mütter*

*Wie kann Craniosacrale Therapie einer Frau helfen, die soeben Mutter geworden ist?*

Auf mehrere Arten: 1. hilft sie bei der Wiederherstellung des hormonalen Gleichgewichts; 2. hilft sie, nachgeburtliche Depressionen zu lindern; 3. stellt sie die normalen Beckenfunktionen wieder her und beugt somit vielen nachgeburtlichen Rückenproblemen und dergleichen vor.

*Ich hatte nach meiner zweiten Entbindung Probleme mit einem zu hohen Blutdruck. Könnte mir eine Craniosacrale Therapie in diesem Fall helfen?*

Ein zu hoher Blutdruck normalisiert sich aus Gründen, die wir nicht kennen, schon nach wenigen Craniosacralen Therapiesitzungen.

*Kann mir eine Craniosacrale Therapie helfen, die Kilos zu verlieren, die ich während der Schwangerschaft zugenommen habe?*

Wenn eine Normalisierung des endokrinen Systems und eine Aktivierung der Körperflüssigkeiten Ihnen helfen würde, Ihr Gewicht zu reduzieren, lautet die Antwort ja.

## *Kinder*

*Bei welchen Kinderproblemen hilft eine Craniosacrale Therapie?*

Das ist eine außerordentlich weitgefächerte Frage. Ich will versuchen, sie nur anhand meiner eigenen Erfahrungen zu beantworten:

**1. Allergien**
*Atmung.* Hier ist eine Craniosacrale Therapie ganz entschieden hilfreich, wenn sie mit SomatoEmotional Release kombiniert wird.
*Nahrungsmittel.* Ja, wenn strukturelle Schädelprobleme gefunden und gelöst werden. Es gibt jedoch andere Ursachen für Nahrungsmittelallergien, die durch eine Craniosacrale Therapie nicht unbedingt beeinflußt werden.

2. **Koliken**, Verdauungs- und Ausscheidungsprobleme werden in etwa 75 Prozent aller Fälle durch eine Craniosacrale Therapie beseitigt, wenn sie nicht auf Tumore oder andere schwerwiegende pathologische Ursachen zurückzuführen sind.

3. **Psychische Probleme.** Die Craniosacrale Therapie hilft dem Therapeuten sehr rasch, eine auf Vertrauen beruhende Beziehung zum Kind herzustellen. So können emotionelle Probleme aufgedeckt werden. Ich war aber auch schon mehrmals Zeuge, wie sich »psychische« Probleme in nichts auflösten, wenn eine Craniosacrale Störung behoben wurde. Diese Probleme hatten keine emotionale Ursache. Obschon sie psychisch wirkten, waren sie doch auf physiologisch-funktionelle Störungen des Craniosacralen Systems zurückzuführen.

4. **Hyperaktive Kinder** werden sehr erfolgreich mit Craniosacraler Therapie behandelt, wenn das Problem nicht emotionell begründet ist. Meiner Erfahrung nach liegt der Ursprung von Hyperaktivität bei Kindern zu 50-60 Prozent im Craniosacralen System.

5. **Lernschwächen und Dyslexie.** Hier gilt das gleiche wie bei hyperaktiven Kindern: liegt der Ursprung des Problems im Craniosacralen System, ist die Behandlung sehr wirksam. Das trifft bei etwa 50-60 Prozent aller Fälle zu.

6. **Down-Syndrom** (Mongolismus). Diese Frage ist sehr schwer zu beantworten. Ich kann nur sagen, daß die Kinder, die Craniosacral behandelt wurden, glücklicher waren und oft die üblichen Erwartungen übertrafen.

7. **Mentale Retardation** (Geistige Entwicklungsstörung). Ob das »retardierte« Kind dramatisch auf eine Craniosacrale Therapie anspricht, hängt von der Ursache der »Retardation« ab. Ich habe in Einzelfällen beachtliche Resultate erzielt. In anderen Fällen werden die Kinder durch die Behandlung einfach gesünder, ohne ihre mentalen Schwierigkeiten zu überwinden.

8. **Zerebrale Lähmung.** Ich habe die meisten Erfahrungen auf diesem Gebiet mit spastischen Fällen gesammelt. Bei allen diesen Kindern hat sich der Zustand gebessert. In einigen Fällen war die Besserung dramatisch, in anderen geringfügig. Auch hier hängt der Erfolg von der Ursache ab. Manchmal bessert sich der Spasmus, aber die Muskellähmung bleibt. Muskellähmung ist besser als Spasmus; also bringt es doch etwas.

9. **Epileptische Anfälle.** Die Reaktion eines Kindes, das zu epileptischen Anfällen neigt, hängt von deren Ursachen

ab. Ich habe häufig erlebt, daß Kinder ohne Medikamente überhaupt keine Anfälle mehr hatten, wenn sie mit Craniosacraler Therapie behandelt wurden. Andere, deren Anfälle auf schwereren Gehirnstörungen beruhten, reagierten gar nicht. Aber die meisten Kinder haben keine epileptischen Anfälle mehr, und die Medikamente können reduziert werden.

**10. Autismus.** Wir haben in den späten 70ern drei Jahre lang intensive Forschungen mit autistischen Kindern betrieben. Wir stellten fest: Das selbstzerstörerische Verhalten besserte sich, sie zeigten ihre Zuneigung offener, und ihr soziales Verhalten änderte sich. Drei bis sechs Monate nach der Craniosacralen Therapie verschlechterte sich ihr Verhalten in der Regel wieder. In dieser Situation lernen die Eltern, ihr Kind selbst zu behandeln, und uns bietet sich die Möglichkeit zu weiterer Forschung.

*Hilft Craniosacrale Therapie auch einem normalen Kind?*

Ich bin fest überzeugt, daß die Craniosacrale Therapie zu den tiefgreifendsten und wirksamsten gesundheitsfördernden Behandlungsprogrammen der Gegenwart gehört, also lautet die Antwort aus meiner Sicht ja.

*Ich habe gehört, daß Craniosacrale Therapie bei Kinderkrankheiten wie Masern, Mumps, Windpocken und dergleichen angewandt werden kann.*

Nach meinen Erfahrungen kann Craniosacrale Therapie in den meisten Fällen mit Erfolg angewandt werden, um das Fieber zu brechen und dem Kind durch die Krise zu helfen. Ich glaube, sie stärkt das Immunsystem und mobilisiert das autonome Nervensystem, so daß die Abwehrkräfte des Körpers besser zur Wirkung kommen können.

*Wie steht es mit Skoliose?*

Manche Skoliosefälle sind auf das Craniosacrale System zurückzuführen. Meistens weist dann der Schlauch der Dura mater, der den Rückenmarkkanal hinunterführt, eine Verdrehung oder einen Knick auf, was sich schon sehr früh im Leben des Patienten feststellen läßt. Das Rückgrat widersteht dieser Verdrehung so lange wie möglich, aber manchmal beginnt es sich zu krümmen, und zwar meistens in der vorpubertären Phase oder in der frühen Adoleszenz, als Reaktion auf die verdrehte Dura mater. Dies ist der Anfang der Skoliose. In einigen Fällen - wenn sie früh genug entdeckt wird - kann man die beginnende Skoliose durch Craniosacrale Therapie abwenden.

*Wie bewährt sich Craniosacrale Therapie, wenn kieferorthopädische Maßnahmen erforderlich sind?*

Ganz ausgezeichnet. Sie kürzt die notwendige Dauer der kieferorthopädischen Maßnahmen ab und macht sie gelegentlich sogar ganz überflüssig. Ich empfehle, bei allen Kindern Craniosacrale Therapie anzuwenden, wenn kieferorthopädische Maßnahmen angezeigt scheinen.

*Können Sie Kindern helfen, die schielen?*

Wenn das Schielen mit einer Spannung der Dura mater zusammenhängt, die sich auf die Nerven zu den Augen hin auswirkt, sind die Ergebnisse ausgezeichnet und dramatisch. Ich habe mehreren Kindern mit Techniken der Craniosacralen Therapie geholfen, eine Augenoperation zu vermeiden.

## *Erwachsene*

*Ich habe eigentlich kein Leiden, aber ich bin neugierig: Könnte ich eine Craniosacrale Therapie erhalten?*

Gewiß. Wir glauben wirklich, daß eine regelmäßige Craniosacrale Therapie - ganz gleich, wie gut man sich fühlt - zu den besten gesundheitsfördernden Maßnahmen gehört, die Sie sich gönnen können. Sie entdecken vielleicht, daß Sie sich noch besser fühlen, als Sie es für möglich gehalten hätten. Ich bin sicher, daß Sie seltener krank werden.

*Wie wirkt sich eine Craniosacrale Therapie bei Kopfschmerzen aus?*

Kopfschmerzen gehören zu den häufigsten Beschwerden, die wir mit Craniosacraler Therapie und ihren Ergänzungstechniken behandeln. Ich würde sagen, daß wir in 80-90 Prozent aller Fälle Erfolg haben - unabhängig von der Art der Kopfschmerzen.

*Wie steht es mit chronischen Rückenschmerzen?*

Auch hier haben wir ausgezeichnete Erfolge, selbst wenn die Rückenschmerzen durch einen Bandscheibenvorfall verursacht wurden. Wir gehen von innen (vom »Kern«) her nach außen vor. Wenn der »Kern« in Ordnung gebracht wurde, korrigieren sich die peripheren Probleme entweder selbst, oder sie werden einer konventionellen Behandlung zugänglich.

*Wie ich gehört habe, wenden Sie Craniosacrale Therapie bei Schlaganfällen, Gehirn- und Wirbelsäulenverletzungen, multipler Sklerose und allen möglichen Schäden am Gehirn, an der Wirbelsäule und am Nervensystem an. Wie sind die Ergebnisse?*

Wir kombinieren in solchen Fällen Craniosacrale Therapie mit allen anderen Methoden, die in diesem Buch erwähnt wurden. Wir erzielen fast immer erhebliche Besserungen. Es handelt sich hierbei in der Regel um Patienten, die von der herkömmlichen Medizin aufgegeben wurden. Wir nehmen solche Fälle gern in unser zweiwöchiges Intensivbehandlungsprogramm auf, das von der Upledger Foundation gefördert wird. Etwa ein Viertel unserer Arbeit in diesem Programm ist für den Patienten kostenlos, deshalb sind uns steuerlich absetzbare Schenkungen willkommen. Viele dieser Patienten haben fast alles Geld für die herkömmlichen Behandlungen und Rehabilitationsprogramme aufgebraucht.

Schenkungen können Sie an folgende Adresse schicken:

The Upledger Foundation
11211 Prosperity Farms Road
Palm Beach Gardens, FL 33410
USA

*Wenn diese Behandlungsmethode so gut ist, weshalb wurde sie dann nicht vom herkömmlichen Gesundheitswesen übernommen?*

Veränderungen brauchen Zeit. Wir werden immer mehr anerkannt, aber wir stehen im Widerspruch zu vielen medizinischen Dogmen, von denen mit zu den wichtigsten gehören:

1. Schädelknochen sind unbeweglich.
2. Der Geist kann nicht den Körper kontrollieren.

3. Das gesamte Gedächtnis sitzt im Gehirn.
4. Energieübertragung zwischen Patient und Therapeut ist lächerlich.
5. Verletzungen von Nervengewebe sind permanent - und so weiter.

In Anbetracht dieser antiquierten, aber heftig verteidigten Glaubensvorstellungen muß ich zugeben, daß unsere Akzeptanz bemerkenswert gut ist.

*Was können Sie bei Depressionen tun?*

Bei bestimmten Arten von Depressionen stellt Craniosacrale Therapie vermutlich die wirksamste verfügbare Behandlungsmethode dar. In anderen Fällen sind die Erfolge gut, wenn die Craniosacrale Therapie mit SomatoEmotional Release sowie Therapeutischen Bildern und Dialog kombiniert wird.

*Was können Sie bei prämenstruellem Syndrom tun?*

In den meisten Fällen erreichen wir eine vollständige Besserung. Craniosacrale Therapie verbessert die Funktion der Unterleibsorgane und stärkt die Funktionen des endokrinen Systems, der Nebennieren und der Eierstöcke.

*Wie steht es mit Flüssigkeitsretention?*
*Können Sie in solchen Fällen helfen?*

Eine Craniosacrale Therapie verbessert den Fluß der Körperflüssigkeiten und hilft deshalb bei Flüssigkeitsretention, ganz gleich, ob sie auf Herzprobleme, Nierenschäden, Ungleichgewicht im Mineralhaushalt oder andere Ursachen zurückzuführen ist. Sie muß regelmäßig durchgeführt werden, wenn die Ursache bestehen bleibt. In solchen Fällen bringen wir gern Familienmitgliedern oder Nahestehenden bei, wie sie den Patienten täglich behandeln können.

*Wie sehen Ihre Erfahrungen mit Arthritis aus?*

Es gibt mehrere Arten von Arthritis. Die häufigste Art ist Osteoarthritis. Vermutlich die bekannteste Form ist die entzündliche rheumatoide Arthritis. Beide Arten reagieren positiv auf Craniosacrale Therapie. Auch in solchen Fällen bringen wir Familienmitgliedern bei, wie sie den Patienten täglich behandeln können. Mit dieser Behandlungsform lassen sich die besten Ergebnisse erzielen.

*Ich habe gehört, daß Sie interessante Ergebnisse bei Komapatienten hatten?*

Ja, es waren nicht viele, aber bei den wenigen, die ich behandelt habe, waren die Ergebnisse gut bis spektakulär. Einige unserer fortgeschrittensten Schüler berichten von ähnlichen Erfolgen. Wir würden die Gelegenheit begrüßen, mehr auf diesem Gebiet arbeiten zu können.

*Worin besteht der Unterschied zwischen Craniosacraler Therapie, cranialer Osteopathie und chiropraktischer Craniopathie sowie Sacro-Okzipitaltechniken?*

Bei den anderen, oben erwähnten Techniken geht es hauptsächlich um die Bewegung der Knochen. Bei der Craniosacralen Therapie werden Knochen benutzt, um das System der Membranen und Flüssigkeiten auf viel tieferer Ebene beeinflussen zu können.

Deshalb ist die Knochenbewegung bei der Craniosacralen Therapie ein Hilfsmittel. Um der Gerechtigkeit willen muß ich aber festhalten, daß die übrigen cranialen Methoden langsam die Konzepte der Craniosacralen Therapie zu nutzen beginnen, und auch sie dringen tiefer vor und arbeiten mit diesen Erkenntnissen.

Ein weiterer wichtiger Unterschied ist der, daß bei der Craniosacralen Therapie viel leichtere Berührungen üblich sind. In den meisten Fällen liefern die Patienten selbst die zur therapeutischen Korrektur des Craniosacralen Systems erforderlichen Kräfte und Energien.

Bei der cranialen Arbeit, wie sie in der herkömmlichen Osteopathie und in der Chiropraxis üblich ist, zwingt der Therapeut dem Patienten die »Korrektur« meistens auf. Dieser Ansatz führt leichter zu Fehlern des Therapeuten, und es können durch die Behandlung Traumen entstehen.

### *Weshalb fühlen sich einige Menschen nach einer Behandlung schlechter?*

Dieses Mißbehagen nach der Behandlung kann mehrere Gründe haben. Einer davon ist, daß der Körper frühere Traumata oder Verletzungen erneut erlebt, wenn das Gewebe sie freigibt. Dieses Mißbehagen kann ein paar Tage andauern. Ein weiterer Grund liegt darin, daß »taube« Bereiche wieder zum Leben erwachen und damit empfindlicher sind. Es geschieht auch oft, daß der Körper sich auf eine Fehlfunktion eingestellt hat. Wenn wir uns dem Kern des Problems nähern und diese Adaptation beseitigen, kehrt der unterdrückte Schmerz wieder an die Oberfläche zurück.

Wir müssen uns vor Augen halten, daß »Schmerz« eine Empfindung ist. Wenn im Patienten die Hoffnung auf die Korrektur eines Problems erwacht, verstärkt das Unterbewußtsein den Schmerz, damit wir nicht eher aufhören, bis das Problem gelöst ist. Es gibt viele verschiedene Gründe für eine Verschlimmerung der Symptome nach einer positiven Behandlung.

Wir können auch die Möglichkeit nicht ausschließen, daß

der Therapeut übertrieben hat. Das kann eine schmerzhafte Reaktion hervorrufen. Es kann z. B. sein, daß er zuviel Gewalt anwendet oder versucht, den Körper des Patienten zu etwas zu zwingen, das nach Meinung des Therapeuten richtig ist. Wir predigen immer wieder: »Folgt einfach dem Körper, zwingt ihn zu nichts.«

*Was ist Gewebe- oder Zellerinnerung?*

Ich weiß es nicht genau. Aber wenn Sie darauf achtgeben, was während der Behandlung und der Heilung geschieht, sieht es ganz so aus, als hätten Gewebe und wahrscheinlich auch Zellen Erinnerungen an Erfahrungen, die sie durchgemacht haben.

*Wie können Sie wissen, was mit mir nicht in Ordnung ist, indem Sie einfach meine Beine anheben?*

Wir verwenden die Wahrnehmung subtiler Energieaktivitäten im Körper, um uns an die Quelle abnormaler Energiemuster heranzutasten. Und wir ziehen auch sehr sanft an den Beinen, um zu spüren, ob der Widerstand des Gewebes überall gleich oder ob er asymmetrisch ist. Wir klären so den ganzen Körper ab. Sie bemerken es nur eher an den Beinen, weil es Ihnen mehr auffällt, wenn wir sie anheben, als wenn wir Ihre Rippen, Schultern oder Ihren Kopf berühren. Aber wir klären verschiedene Körperteile auf dieselbe Art und Weise ab.

*Weshalb sieht es so aus, als würde der Therapeut sich nicht bewegen?*

Weil wir uns tatsächlich kaum bewegen. Das, wonach wir bei der Craniosacralen Therapie Ausschau halten, ist sehr subtil. Es setzt Übung voraus, aber wenn man es einmal gelernt hat, kann man es für immer.

*Wie kann man mit einer so leichten Berührung überhaupt behandeln?*

Wie schon gesagt - wir geben uns in der Craniosacralen Therapie sehr große Mühe, den Körper des Patienten dazu zu bringen, die nötigen Korrekturen vorzunehmen. Wir, die Therapeuten, unterstützen nur die natürliche Tendenz des Körpers. Bei zuviel Kraft riskiert man, daß sich der Körper gegen den Eindringling verteidigt. Wenn der Körper des Patienten sich gegen den Therapeuten wehrt, versteift er sein Gewebe beim Versuch, den Status quo aufrechtzuerhalten. In einer solchen Situation kann der Therapeut 1. mehr Kraft aufwenden, um den Widerstand des Patienten zu überwinden, oder 2. - wie wir es bei der Craniosacralen Therapie tun - die Berührung sanfter gestalten, damit sich das Gewebe des Patienten entspannen kann und eine therapeutische Lockerung eintritt, indem sie die Selbstkorrekturmechanismen des Patienten genau im richtigen Maß unterstützt.

Wieder einmal werden wir mit dem Unterschied im Ansatz zwischen der Craniosacralen Therapie und verschiedenen anderen cranialen Techniken konfrontiert. Dieser Unterschied ist es, der die Craniosacrale Therapie so gefahrlos und auch für Nicht-Ärzte anwendbar macht. Sie kann wie ein Rezept aus dem Kochbuch erlernt werden und trotzdem zu ausgezeichneten Heilerfolgen führen.

*Ich habe mich einer Craniosacralen Therapie unterzogen und war über die Vorgehensweise erstaunt. Ich hatte Schmerzen in der Schulter, und sie verschwanden, als der Therapeut an meinem Kreuzbein und Becken arbeitete. Wie ist das möglich?*

Auf mehrere Arten. Zunächst einmal verbindet das Craniosacrale System Kreuzbein und Becken mit Nacken und Kopf über den Schlauch der Dura mater, der den Rückenmarkkanal hinunterführt. Eine abnorme Spannung dieser Membran am unteren Ende kann sich am Kopfende auswirken. In diesem Fall führte die abnorme Membranspannung sehr wahrscheinlich zu einem Zug an den Membranhüllen, die die Nervenwurzeln überziehen, dort, wo sie in die Schultern einmünden. Dieser Zug führte zu der Schmerzempfindung dort, wo die Nervenwurzeln hinstreben - in diesem Fall in Ihre Schulter.

Eine andere Möglichkeit ist der Verlauf des Bindegewebes (Fascia), das sämtliche Muskeln, Knochen, Organe und dergleichen umhüllt. Eine Verrenkung am Becken kann leicht außerhalb des Craniosacralen Systems durch dieses Bindegewebe zum Bindegewebe und/oder den Nerven Ihrer Schulter hinaufsteigen.

Eine dritte Möglichkeit ist, daß das Kreuzbein verrenkt wurde und eine kompensatorische Verrenkung die ganze Wirbelsäule hinauf verursachte. Wenn sich der Spielraum in der Öffnung, aus der die Nervenwurzeln zwischen den unteren Nackenwirbeln aus dem Rückenmarkkanal austreten, eine Spur verringert hat, kann der Nerv in Ihrer Schulter gedrückt worden sein. Wenn die abnormale Situation im Kreuzbein und im Becken behoben wurde, wird sich die Auswirkung oben im Nacken lösen und der Schmerz verschwinden.

Nur ein guter Therapeut kann eine Ursache finden, die so weit entfernt ist. Wir nehmen uns beim Unterricht in Craniosacraler Therapie eine Menge Zeit, um eine ganzkörperliche Diagnose zu lehren. Diese Vorgehensweise deckt die verborgene Ursache auf, auch wenn sie weit von der Schmerzstelle entfernt ist.

### *Wieso habe ich Schwierigkeiten mit dem Kiefergelenk, obwohl meine Zähne in Ordnung sind?*

Kiefergelenkprobleme sind nach meiner Erfahrung meistens die Folge einer Fehlfunktion des Craniosacralen Systems oder der Verbindung zwischen Muskeln und Knochen. Ich habe Ihnen einen Fall beschrieben, in dem das Kiefergelenkproblem von den Gesäßmuskeln herrührte. Sie sind ein ganzheitlicher Mensch, und jeder Teil von Ihnen ist mit jedem anderen verbunden. Wir können nicht zulassen, daß Schmerzen oder andere Symptome uns irreführen. Wir wollen die Ursache herausfinden. Sie ist häufig versteckt. Sie kann fast überall sein, aber die Suche nach ihr gehört zu den erfreulichen Aspekten dieser Arbeit.

*Hilft die Craniosacrale Therapie Menschen, die älter, steifer und hinfälliger werden und deren Gedächtnis nachläßt?*

Die Antwort ist ein kräftiges »Ja«. Ich habe immer wieder Menschen behandelt, die hoch in den Achtzigern waren. Sie wurden lebendiger, beweglicher, energievoller, und der Verstand und das Gedächtnis besserten sich. Die Therapie hilft auch bei Flüssigkeitsretention und stärkt die Widerstandskraft gegen Erkältungen, grippale Infekte und dergleichen.

*Wie wendet man die Craniosacrale Therapie am besten bei älteren Menschen an?*

Im Idealfall sollte ein älterer Patient meiner Meinung nach einmal im Monat von einem kompetenten Craniosacralen Therapeuten behandelt werden. Zusätzlich würde ich es befürworten, den Familienmitgliedern einige der sehr einfachen Techniken beizubringen, damit sie bei diesen älteren Menschen mindestens dreimal pro Woche in beschränktem Maß Craniosacrale Therapie anwenden können. Ich habe älteren Menschen mit Erfolg beigebracht, einander gelegentlich zu behandeln. Das steigert das Selbstbewußtsein des Behandelnden sehr.

Übrigens haben wir mit ausgezeichnetem Erfolg bestimmte, sehr leicht erlernbare Techniken der Craniosacralen Therapie bei Patienten mit kleinen Schlaganfällen angewandt.

*Wie kann ich mich von einem Craniosacralen Therapeuten behandeln lassen?*

Wir haben mehrere hochqualifizierte Leute in unserem Institut in Palm Beach County, Florida. Wir würden uns freuen, Sie zu sehen und Sie in unsere Arbeitsweise einzuführen. Es gibt auch ein Verzeichnis, in dem die lizenzierten Heilpraktiker aufgeführt sind, die Fortgeschrittenenkurse im Upledger Institute in Craniosacraler Therapie absolviert haben. Sie können dieses Verzeichnis erwerben, wenn Sie einen Scheck oder 3 Dollars in bar an folgende Adresse überweisen:

The Upledger Institute
11211 Prosperity Farms Road
Palm Beach Gardens, FL 33410, USA
(407) 622-4334

*Wie sieht es mit der Vertrauenswürdigkeit derjenigen aus, die Sie außerhalb des Instituts empfehlen?*

Wir sind wegen der Gesetze vorsichtig mit »Empfehlungen«, aber wir nennen Ihnen Therapeuten, die unser eigenes Fortgeschrittenenprogramm zufriedenstellend absolviert haben. Wir verlangen nur, daß sie die Lizenz haben, in einem Heilberuf zu praktizieren, der ihnen im Rahmen der Gesetze erlaubt, Craniosacrale Therapie anzuwenden. Wir werden Ihnen jemanden nennen, der Geschick in der Anwendung der Craniosacralen Therapie bewiesen hat. Der Betreffende kann Doktor der Medizin, Osteopath, Zahnarzt, Chiropraktiker, zugelassener Krankenpfleger, physikalischer Therapeut, Berufstherapeut, Masseur, Rolfer, Somapraktiker, ein beliebiger Körpertherapeut oder Akupunkteur sein. Wir haben sogar einige Psychotherapeuten, die unsere Arbeitsweise übernommen und sehr geschickte Hände bekommen haben. Das wichtigste ist die manuelle Geschicklichkeit. Wir werden

Sie über die übrigen Fähigkeiten des betreffenden Therapeuten unterrichten, und es liegt an Ihnen, ob Sie ihn für geeignet halten, Craniosacrale Therapie anzuwenden.

*Bezahlt die Krankenkasse eine Craniosacrale Therapie?**

Das hängt von den Empfehlungen des Therapeuten und von der Art Ihrer Versicherung ab. Die Craniosacrale Therapie wird immer mehr von Versicherungsgesellschaften anerkannt, aber Veränderungen geschehen nicht über Nacht. Letztlich werden die Ergebnisse entscheiden, ob diese Therapie anerkannt wird.

---

* In Deutschland der Schweiz und Österreich werden die Kosten, soweit es uns bekannt ist, noch nicht von den Krankenkassen und -versicherungen übernommen. – *Anm. des Verlages*

# *Ausklang*

Ich hoffe, daß dieses Buch Ihnen neue Möglichkeiten eröffnet hat. Und ich hoffe auch, daß Sie wenigstens einen Teil Ihrer Kraft zurückerhalten. Schließlich wurden wir alle mit der Kraft geboren, andere heilen zu können. Dann hat man uns aber davon überzeugt, wir könnten es nicht. Versuchen Sie es - Sie können es.

Denken Sie daran: Craniosacrale Therapie, Gewebeerinnerung, Energiezysten Release, Energielenkung, SomatoEmotional Release sowie Therapeutische Bilder und Dialog sind sehr natürliche Arbeitsweisen zur Unterstützung von Gesundheit und Heilung. Vernünftig angewandt haben diese Methoden keine Risiken und Nebenwirkungen. Nur wenige therapeutische Arbeitsweisen können dies von sich behaupten.

# *Information für den Leser*

## *Einführungskurse und Ausbildungen in Craniosacraler Körperarbeit*

Informationen über Basiskurse und Ausbildungen in Craniosacraler Körperarbeit erhalten Sie auf Anfrage bei:

Daniel Agustoni

**Craniosacral-Rhythmus**

Praxisbuch zu einer sanften Körpertherapie

Mit einem Vorwort von Ruediger Dahlke

224 Seiten mit 90 s/w-Fotos und zahlreichen Abbildungen und einem Faltblatt mit Behandlungsablauf zum Herausnehmen, Festeinband, ISBN 3-89631-278-2

Das praktische Standardwerk informiert in Wort und Bild über die Entwicklung, Wirkungsweise und die grundlegenden Techniken der subtilen und heilungsfördernden Craniosacral-Therapie. Selbstbehandlungsmethoden und geführte Meditationen tragen dazu bei, Anspannung und Entspannung in einem gesunden Maße auszubalancieren.

Schritt für Schritt führt Daniel Agustoni in die Craniosacral-Therapie ein und erschließt so für Laien und Therapeuten zugleich das ungeheure Heilungspotential dieser Methode.

Mit einem Behandlungsprotokoll sowie einem herausnehmbaren Faltblatt mit Behandlungsabläufen.